丛书主编

王大明　刘　兵　李　斌

编委会成员

（按姓氏音序排列）

陈印政	柯遵科	李　斌
李思琪	刘　兵	刘思扬
曲德腾	施光玮	孙丽伟
万兆元	王　静	王大明
吴培熠	杨　枭	杨可鑫
云　霞	张桂枝	张前进

用元素改变世界

近代化学的奠基者

万兆元 编

中原出版传媒集团
中原传媒股份公司

图书在版编目(CIP)数据

用元素改变世界：近代化学的奠基者/万兆元编.—郑州：大象出版社，2024.4
（中外科学家传记丛书/王大明，刘兵，李斌主编）
ISBN 978-7-5711-1937-9

Ⅰ.①用… Ⅱ.①万… Ⅲ.①化学家-列传-世界-近代 Ⅳ.①K816.13

中国国家版本馆CIP数据核字(2023)第250164号

中外科学家传记丛书
用元素改变世界 近代化学的奠基者
YONG YUANSU GAIBIAN SHIJIE　JINDAI HUAXUE DE DIANJIZHE
万兆元　编

出 版 人	汪林中
项目策划	李光洁
项目统筹	成　艳　董罂华
责任编辑	李　萌
责任校对	牛志远
装帧设计	王莉娟

出版发行	大象出版社(郑州市郑东新区祥盛街27号　邮政编码450016)
	发行科　0371-63863551　总编室　0371-65597936
网　　址	www.daxiang.cn
印　　刷	河南瑞之光印刷股份有限公司
经　　销	各地新华书店经销
开　　本	890 mm×1240 mm　1/32
印　　张	5.75
字　　数	122千字
版　　次	2024年4月第1版　2024年4月第1次印刷
定　　价	23.00元

若发现印、装质量问题，影响阅读，请与承印厂联系调换。
印厂地址　武陟县产业集聚区东区(詹店镇)泰安路与昌平路交叉口
邮政编码　454950　　　　电话　0371-63956290

总　序

马克思和恩格斯合写于 19 世纪 40 年代的《共产党宣言》中，曾有这样一段生动的描述："自然力的征服，机器的采用，化学在工业和农业中的应用，轮船的行驶，铁路的通行，电报的使用，整个整个大陆的开垦，河川的通航，仿佛用法术从地下呼唤出来的大量人口——过去哪一个世纪料想到在社会劳动里蕴藏有这样的生产力呢？"马克思和恩格斯说的那一切，还不过是 19 世纪的景况。到了 21 世纪的今天，随着核能、电子、生物、信息、人工智能等各种前人闻所未闻的科学技术的飞速发展，人类社会面貌进一步发生了翻天覆地的甚至马克思那个年代都无法想象的巨变。造成所有这一切改变的最根本原因，毫无疑问，就是科学技术。而几百年来，推动科学技术发展的直接力量，就是一大批科学家和技术专家。

中国是这几百年来世界科学技术革命和现代化的后知后觉者，从 16 世纪末期最初接触近代自然科学又浅尝辄止，到 19 世纪中期晚清时代坚船利炮威胁下的西学东渐，再到 20 世纪初期对"德先生"和"赛先生"的热切呼唤，经过几百年的尝试，特别是近几十年的努力，已逐渐赶上世界发展的潮流，甚至最近还有后来者居上的势头。例如，中国目前不但在经济总量上居于世界第二的地位，而且在科学研究的多个前沿领域也已经名列国际前茅。最可贵的是，中国已经形成了一支人数众多、质量上乘的科研队伍。

利用科学技术来推动社会经济的发展，中国已经尝到了巨大甜头，科学技术是第一生产力的观点深入人心。从政府到民间，大家普遍关心如何进一步落实科教兴国战略、推动创新促进发展，使中国在科技创新方面更具竞争优势，培养和造就出更多的科技创新人才，使中国在现代化道路上能走得更长远、更健康。

为实现上述目标，一方面需要提高专业科学研究队伍的水平，发扬理性思考、刻苦钻研、求真求实、勇于创新的科学精神；另一方面也需要增强和培育整个社会的公众科学素养，造就学科学、爱科学，支持创新、尊重人才的文化氛围。这套"中外科学家传记丛书"的编辑和出版，就是出于这样的考虑。

通过阅读和学习科学家传记，一是可以更深刻地理解科学家们特别是那些在重大历史转折关头做出了伟大贡献的科学家的科学思想和创新方法，二是可以更鲜活地了解到科学家们的科学精神和品格作风，三是可以从科学家们的各种成长经历中得到启发。

本丛书所收录的200多位中外著名科学家（个别其他学者）的传记，全部都来自中国科学院1979年创刊的《自然辩证法通讯》杂志。该杂志从创刊伊始就设立了一个科学家人物评传的固定栏目，迄今已逾四十年，先后刊登了200多篇古今中外科学家的传记，其中包括文艺复兴时期的欧洲科学家、远渡重洋将最初的西方近代科学知识带到中国的欧洲传教士，当然大部分都是现代科学家，例如数学领域的希尔伯特、哈代、陈省身、吴文俊等，物理学领域的玻尔、普朗克、薛定谔、海森伯、钱三强、束星北、王淦昌等，以及天文学、地学、生物学、计算机科学和若干工程领域的科学家。值得指出的是，这些传记文章的作者，大都是在相关领域学有专长的专家学者。例如：写过多篇数学家传记的胡作玄先生，是中国科学院原系统科学研究所的研究员；写过多篇物理学家传记的戈革先生，是中国石油大学的物理学教授；此外还有北京大学、清华大学、上海交通大学、中国科技大学等多所国内著名大学的教授，以及中国科学院、中国医学科学院和中国科技协会等研究机构的专家。所以，这些传记文章从专业和普及两个角度看，其数量之多、涉及领域之广、内容质量之上乘、可读性之强，在国内的中外科学家群体传记中都可以说是无出其右者。

考虑到读者对象的广泛性，本丛书对原刊物传记文章进行了重新整理编辑，主要集中在如下几个方面：一是在总体设计上，丛书共分30册，每册收录8篇人物传记；二是基本按照学科领域来划分各个分册；三是每分册中的人物大致参考历史顺序或学术地位来编排；四是为照顾阅读的连续性，将原刊物文章中的所有参考资料一律转移到每分册的最后，并增加人名对照表。

当前，中国正处在从制造大国向创造大国转变、急需更多科技创新和科技人才的重要历史时刻，希望本丛书的出版对于实现这个伟大目标有所裨益，也希望对广大青少年和其他读者的学习生活有所帮助。

目 录

001
贝采利乌斯　一代化学大师

027
李比希　振兴德国化学工业的巨擘

051
费歇尔　一代化学巨匠

069
维尔纳　配位化学的"建筑师"

089
哈伯　一代物理化学巨匠

115
朗缪尔　表面化学的开拓者

131
施陶丁格　高分子化学的奠基人

147
鲍林 献身于科学与和平事业的杰出化学家

164
参考资料

168
人名对照表

贝采利乌斯

一代化学大师

约恩斯·雅各布·贝采利乌斯
(Jöns Jacob Berzelius, 1779—1848)

斯堪的纳维亚山脉像一座巨大的屏风，从斯堪的纳维亚半岛西南绵延至东北，挡住了大西洋的暖风，使瑞典王国的土地略显寒意。山脉南侧是起伏的丘陵、冰凌湖和茂密的森林。与地上的情况相反，它的地下埋藏着数不尽的由熔融岩浆喷发而形成的矿藏。到17世纪，瑞典已靠着丰富的地下资源而跻身于欧洲强国之列。在1740年，瑞典就提供了全欧洲铁产量的40%。采矿业和冶金业的发展把瑞典的化学和矿物分析推进到了一个很高的水平，一大批出类拔萃的化学家脱颖而出。本文的主人公约恩斯·雅各布·贝采利乌斯就是瑞典化学家中的巨星。他是奠定现代化学基础的伟大人物之一。

一、从孤儿到化学家

贝采利乌斯于1779年8月20日生于东约特兰省林雪平。在他4岁时父亲去世，两年后母亲改嫁给埃克马克牧师。埃克马克已有5个子女，新家庭的成员一共是10个人。不幸的是贝采利乌斯的母亲两年后病故了。他的继父第三次结婚。继母又带来几个孩子，不久她就发现这个家太大了，于是打发贝采利乌斯到他舅舅家去生活。贝采利乌斯成了真正的孤儿。舅妈将外甥视作外人，这使贝采利乌斯特别悲愤，他后来写道："这一次给我留下这样的印象，以致后来有人向我提起孩子们的幸福时我都不能和他们分享快乐的记忆。"

1793年,贝采利乌斯进入林雪平高级中学。1794年的寒假来临了,为了逃避回家和顺便挣一点儿钱,他到一个地主家去当家庭教师。他在那儿羁留整整一年,到1795年才回到学校。这时,一个刚从西印度群岛回来的自然史教师引导他读林耐的著作,这培养起他对自然科学的热爱。

1796年,他考入古老的乌普萨拉大学医学系。家中很少给他寄钱来,这使得他常常囊空如洗。为了挣得学习期间的生活费,他不得不中途辍学去当家庭教师。这期间他学习了法语、德语和英语。这些语言知识使贝采利乌斯日后能用多种文字进行科学研究和写作。

1798年,他获得了一笔为期3年的助学金,这使他得以重返学校继续学习。在这一年,他开始学习化学。当时接替贝格曼教授的是他外甥阿夫塞柳斯,阿夫塞柳斯仍然教燃素化学。化学助教就是后来发现新元素钽的埃克贝里。贝采利乌斯的第一个实验是点燃硫化铁,原计划做一周,但他几小时就做完了。他研读了德国化学家吉坦纳尔的《反燃素化学基础原理》。这是一部通俗易懂的教科书。它介绍了新的反燃素学说的观念。贝采利乌斯利用一切机会做他想做的实验,或者重复文献中的实验。

1799年暑假,贝采利乌斯到瓦斯泰纳的一家药房做助手。他向一位意大利技师学得了一手绝妙的吹制玻璃的技术。这项技术奠定了他日后实验室工作的基础。1800年夏天,他在一家温泉疗养院做医师斯文·赫丁的助手时,分析了矿泉水,并以此写了第一篇学术论文。他将这篇论文交给阿夫塞柳斯教授，以便转给瑞典皇家科学院发表。3年后科学院秘书才把这篇论文退给他，并在上面批示："科学院不使用新化学名词。"

1802年，贝采利乌斯通过了关于对动物机体影响的论文答辩，获得医学博士学位。在斯文·赫丁推荐下他被任命为斯德哥尔摩医学院医学和药学无薪讲师。这所学校主要训练军医。贝采利乌斯可以自由地进行研究，却无法养活自己。他唯一的收入来自做斯德哥尔摩贫民区市医的报酬，每年薪水66泰勒。为了增加收入，他和一个德国教授合伙生产矿泉水，但销路寥寥。他们又开办醋酸厂，结果遭到惨败。当他们负债累累时，那位教授却跑到俄国去了，给贝采利乌斯留下1000泰勒的债务。这笔债务使青年化学家足足还了10年。

1807年医学院的教授去世了，贝采利乌斯被任命为化学和药学教授，年薪166泰勒。这时瑞典王国参加了反拿破仑战争，大批军士被送进学校接受医护训练，工作十分紧张，政府不得不给教授们发双薪。贝采利乌斯也被派以调查硝石生产的任务。1810年医学院改成了卡罗琳外科医学院，教职工的薪水都提高了。

有了稳定的收入，贝采利乌斯放弃了贫民区市医的兼职工作，专心致力于科学研究和教学。贝采利乌斯开始作为真正的化学家而工作了。

二、提出电化学二元论

当贝采利乌斯进入乌普萨拉大学时，燃素化学与反燃素化学之间的论战已经结束。大批燃素化学家已退出了舞台：贝克曼和舍勒已先后谢世，普里斯特利只身去了美国，卡文迪许已到克拉法姆公地去安享晚年。随着拉瓦锡被处决，反燃素化学家失去了强有力的领袖。那些跟拉瓦锡一起建立新理论的化学家大多转入了实际工作中。化学进入了一个相对平静的时期。

到了1800年，化学界获得了一个强有力的刺激，这就是电。这一年5月，英国科学家尼科尔森利用刚发明的伏打电堆电解水，第一次利用电流实现了化学反应。

贝采利乌斯在1800年做斯文·赫丁的助手时就对伏打电堆产生了兴趣。他选取"电对各种疾病患者的作用"为博士论文题目。在获知尼科尔森的发现后他又做了很多电解实验。在斯德哥尔摩医学院做无薪讲师时，贝采利乌斯就结识了希辛格。希辛格家境富裕，拥有好几座矿山，在矿物学和化学上颇有贡献，后被封为男爵。希辛格还是专门研究电现象的伽伐尼学会的领导人，该学会拥有瑞典最大的电堆。由于贝采利乌斯生活拮据，希辛格就留他在家中居住。此后几年中他们进行了富有成效的合作。

1803年，希辛格和贝采利乌斯联名发表了《关于酸、盐、碱的电解研究》一文，公布了他们用电流作用于钠盐、钾盐、铵盐和钙盐的结果。他们发现，所有的盐都被电解，氧、酸[1]和被氧化的物质在正极聚集，而可燃物质、碱[2]和碱土在负极聚集。在这项研究中，

---

1 当时的酸是现在的酸酐。
2 当时的碱是现在的金属氧化物。

贝采利乌斯的电化学理论已经初露端倪。

1807年，英国化学家戴维发现，将两块能起化学反应的物质，如硫和铜绝缘后相互接触将带两种相反的电荷，由此提出"接触电"学说。认为电动势起源于接触，而化学变化则使电动势复原。

贝采利乌斯进一步认为，接触不是元素产生电荷的根本原因，电性是元素的固有性质。他随后发表了许多论文，表达了化学过程和电过程是不可分离的，燃烧是一种电化学现象，以及最小的粒子可以被极化这样一些观点。

1812年，贝采利乌斯应贝托莱邀请访问巴黎，不料反拿破仑战事再起，他只好转道到了英国。戴维热情地接待了贝采利乌斯，他们讨论电化学，相互有不少启发。但是他们的友谊只保持了一年多，就因为贝采利乌斯对戴维的《化学哲学原理》有所批评而中止了。

1812年，贝采利乌斯发表一篇文章，勾画了他的电化学二元论的轮廓。但是作为一个完整的、具有深远影响的理论，电化学二元论的提出应以贝采利乌斯在1814年用瑞典文出版的《电的化学作用和化学比例理论》一书为标志。该书在1819年由他本人译成法文，1820年由布洛德译成德文。所以电化学二元论从19世纪20年代以后才真正在化学界确立了它的统治地位。

贝采利乌斯的电化学二元论是拉瓦锡二元论的发展。拉瓦锡把酸看成是一个基团与氧的化合物。戴维证明碱是金属与氧的化合物。贝采利乌斯完成了二元论，认为在所有情况下盐都是酸和碱的化合物。电化学二元论的精髓可由他本人的话解释如下："原子含有两种类型的电，它们在原子的两端，但是一种类型是占统治地位的。亲和力是由于粒子的电极化效应。这样，所有的化合物都由两部分组成，这两部分电本性不同，由于相互吸引联系在一起。所以，所有的化合物都可以分成带相反电荷的两部分，而不考虑组成化合物的元素的数目。"

和拉瓦锡的观点一脉相承，在贝采利乌斯的电化学二元论中氧占有一个特别重要的地位。贝采利乌斯把氧作为电负性最强的元素，如果某种元素和氧产生碱，这种元素就是电正性的，也就是金属；如果某种元素和氧产生酸，这种元素就是电负性的，也就是非金属；两类元素的分界线就是氢。根据实验，贝采利乌斯按电负性减弱、电正性增强的次序排定了49个元素的电化序[1]：

O, S, N, Cl, F, P, Se, As, Mo, Cr, W, B, C, Sb, Te, Ta, Ti, Si, Os, H, Au, Ir, Rh, Pt, Pd, Hg, Ag, Cu, Ni, Co, Bi, Sn, Zr, Pb, Ce, U, Fe, Cd, Zn, Mn, Al, Yb, Be, Mg, Ca, Sr, Ba, Na, K

贝采利乌斯认为，化合物带相反电荷的两部分很难有严格的中和，所以化合物本身也是带电的。

贝采利乌斯对燃烧的解释是："在一切化学相互作用中都要进行相互电荷的中和，这个中和是以一种如同莱顿瓶、电池或电闪的放电那样的方式引起闪燃，尽管在后几种现象中闪燃不伴随着化学的

---

[1] 贝采利乌斯对元素的电化序进行过多次补充和调整。这一排序原载于布洛德的德文本。其中有几个元素符号与现在不一样，已改正。

相互作用。"

为了解释电解现象,贝采利乌斯采用了法国物理学家迪费在1737年提出的"双电流理论":电分为"正电流质"和"负电流质"。电化学二元论认为,当盐被电流分解时,负电流质和盐的正电部分相结合,而正电流质和盐的负电部分相结合,这样便维持了电中性。当电不存在的时候,盐的正电部分和负电部分相互中和。

由于电化学二元论解释了大多数无机化学现象,所以它很快为大多数化学家所接受,在19世纪20年代末达到了高峰。贝采利乌斯根据电化学二元论写出的化学式也是他测定原子量和进行化学分类的基础。1814年,他根据电化学二元论对矿物进行了分类。他把所有的岩石都看成是由正电性的金属氧化物与负电性的"硅石"按1∶1、1∶2、1∶3的比例结合而成的,因此把所有矿物都看成是由各种氧化物按一定比例结合而成的,就成为贝采利乌斯矿物分类的基本原则。1836年,贝采利乌斯因提出矿物分类体系而获得英国皇家学会颁发的科普利奖章。

到了19世纪40年代,电化学二元论在解释有机化学现象方面碰到了很大的困难,逐渐为化学家所抛弃。但是它的影响是随处可见的。德国化学家凯库勒在1877年就任大学校长时曾这样说道:"说到那些制约原子化合的力量的性质,那么,有实效的假说至今还没有人提出过。伟大的贝采利乌斯天才地发展了的、数十年来一直被认为能导致对化学事实的满意解释以及导致这些事实与物理现象结合的电化学理论,原来是有缺点的。很显然,在以后的时期中,科学的发展将会回到它上面去,那时它将会以更新的形式同样结出自己的果实。"这个果实就是贝采利乌斯的同胞阿伦尼乌斯在1887年提出的电离理论。

三、为巩固和发展原子学说而斗争

当贝采利乌斯和希辛格开始他们的合作时,贝采利乌斯了解到德国化学家里希特在1792年提出了当量定律。贝采利乌斯认为"里希特的著作很有价值""他确定的自然规律一定正确,我觉得这是十分明显的"。同时,贝采利乌斯也注意到法国化学家普鲁斯特和贝托莱就定比定律所进行的论战。贝采利乌斯决定用矿物分析来验证这些有关化合量的定律。

1803年,贝采利乌斯和希辛格从后者的一处铁矿的一块矿石中分离出一种土质,他们根据意大利天文学家皮亚齐在1801年发现的一颗小行星谷神星(Ceres)而把这种土质叫作铈土(ceria),称其中的新元素叫作铈(Cerium)。

当他们把发现报告寄给格伦要求发表时却遭到拒绝,原因是后者刚收到老资格的化学家克拉普罗特内容相同的报告。贝采利乌斯只好把报告寄给尼科尔森发表。虽然贝采利乌斯和希辛格的报告比克拉普罗特发表得晚,但他们测定的各项数据却更精确。鉴于这次教训,贝采利乌斯和希辛格决定办一个瑞典文刊物《物理、化学和矿物学丛刊》,这个刊物从1806年出刊,一直延续到1818年。贝采利乌斯的早期论文有不少就发表在这个刊物上。同时,他开始编写瑞典文版《化学教科书》,其第一卷在1808年出版。这一年,他成为瑞典皇家科学院院士。

1809 年，贝采利乌斯了解到道尔顿的原子学说以及渥拉斯顿证实倍比定律的实验。1810 年和 1811 年他分别用瑞典文和德文发表文章，提出各种氧化物服从倍比定律的大量例证。他写道："我终于知道了道尔顿关于化合量的多样性观点和渥拉斯顿证实的这些观点的结果，同时我在自己积累的分析结果中发现了许多东西能出色地论证这个观点，这样我就不能不把这些发现也包括到我的研究中去。这样一来，原本只是涉及一小部分化合量的实验就不知不觉地转变为对这个问题的全面研究，这是我开始根本没有想到的。"

但是贝采利乌斯很快就看到，道尔顿用以测定原子量的实验材料不足。贝采利乌斯清楚地认识到，原子学说的发展缺乏必要数量的可靠的实验数据，于是他着手更大规模地分析各种化合物，他认为："首先应当以最大精确度测出尽可能多的元素的原子量……不这样，化学理论所望眼欲穿的白昼就不会紧跟着它的朝霞而出现。"

贝采利乌斯认为有必要为各国化学家提供通用的化学名称和化学符号。1811 年用法文在《物理学报》发表的文章中、1812 年用瑞典文在《瑞典皇家科学院通报》发表的文章中以及用德文在《吉尔伯特年鉴》发表的文章中，他均提出用拉丁语添加适当的前缀和后缀来命名无机化合物。贝采利乌斯命名法是拉瓦锡命名法的进一步发展，是现代化学命名法的基础。1813 年，他在《汤姆森年鉴》中建议用每一种元素的拉丁文名称开头的字母来表示该元素并代表一个原子，再辅助以阿拉伯数字来表示该元素在化合物中的原子数。虽然道尔顿认为贝采利乌斯的符号糟透了，但由于这套符号具有显而易见的优越性而很快被采用，到今天仍然是化学家须臾不可缺少的工具。

1814年，贝采利乌斯在《汤姆森年鉴》和《物理、化学和矿物学丛刊》同时发表第一个原子量表，共包括41种元素。1818年，在瑞典文版《化学教科书》第三卷中发表第二个原子量表，共包括45种元素，部分见表1。他还根据电化学二元论给出了他分析的2000多种化合物的化学式。对于气体物质，他采用了盖－吕萨克气体化合体积定律来求原子量。对于固体金属和非金属，他根据其氧化物来求原子量[1]。

表1　1818年和1826年贝采利乌斯所依据的
氧化物化学式和他测定的部分原子量

元素名称	1818年 氧化物化学式	1818年 原子量	1826年 氧化物化学式	1826年 原子量	原子量现代值
O	—	16	—	16	16
S	SO_2，SO_3	32.19	SO_2，SO_3	32.19	32.06
P	PO_3，PO_5	31.88×2	P_2O_3，P_2O_5	31.38	30.97
Cl	—	—	—	35.41	35.45
C	CO，CO_2	12.05	CO，CO_2	12.23	12.01
N	—	14.05	N_2O，NO	14.16	14.01
H	H_2O	0.995	H_2O	0.998	1.008
As	AsO_3，AsO_5	75.26×2	As_2O_3，As_2O_5	75.21	74.92

1　贝采利乌斯将氧原子量定为100作为标准，现已换算成以氧原子量为16作为标准。原子量也写成真实原子量的倍数形式以资比较。

续表

元素名称	1818年 氧化物化学式	原子量	1826年 氧化物化学式	原子量	原子量现代值
Cr	CrO_3、CrO_6	56.29×2	Cr_2O_3、CrO_3	56.29	52.0
Si	SiO_3	$31.62 \times 3/2$	SiO_3	$29.58 \times 3/2$	28.09
Hg	HgO、HgO_2	202.5×2	Hg_2O、HgO	202.5	200.6
Ag	AgO_2	108.12×4	AgO	108.12×2	107.88
Cu	CuO、CuO_2	63.31×2	Cu_2O、CuO	66.31	63.55
Bi	BiO_2	$189.2 \times 3/2$	Bi_2O_3	212.80	209.0
Pb	PbO_2、PbO_3	207.12×2	PbO、Pb_2O_3	207.12	207.2
Sn	SnO_2、SnO_4	117.6×2	SnO、SnO_2	117.84	118.7
Fe	FeO_2、FeO_3	54.27×2	FeO、Fe_2O_3	54.27	55.85
Zn	ZnO_2	64.52×2	ZnO	64.51	65.38
Mn	MnO_2、MnO_3	56.92×2	MnO、Mn_2O_3	56.92	54.94
Al	AlO_3	27.38×2	Al_2O_3	27.38	26.98
Mg	MgO_2	25.33×2	MgO	25.33	24.31
Ca	CaO_2	40.96×2	CaO	40.96	40.08
Na	NaO_2	23.27×4	NaO	23.27×2	22.99
K	KO_2	39.19×4	KO	39.19×2	39.10

贝采利乌斯认为一切强碱都具有 RO_2（R代表金属元素）的形式，所以他采用了 AgO_2、MgO_2、CaO_2、NaO_2、KO_2 等化学式，结果所测出的 Ca、Mg 的原子量是现在的 2 倍，Ag、Na、K 的原子量

是现在的 4 倍。

1819 年，有两个重要的发现后来被贝采利乌斯用来修正原子量：一个是德国化学家密切利希发现的类质同晶定律，另一个是法国物理学家杜隆和珀替所发现的原子热容定律。

1826 年，贝采利乌斯再次发表修正了的原子量表，共 50 种元素，部分见表 1。由于大多数金属氧化物都获得了正确的化学式，所以 Ca、Mg 等原子量都被减半。这以后，贝采利乌斯的原子量系统中差不多没有什么原则性错误了。在这位化学大师逝世前所知的 54 种元素中，只有硼、硅、钒、铍、锆、铀、铈、钇和钍还没有获得正确的原子量。正确的原子量为原子学说打下了坚实的基础，没有这个基础，化学科学就不可能向前发展。

四、伟大的理论家与实验家

贝采利乌斯在测定原子量方面的成就是无与伦比的，这一方面是基于他对理论的透彻理解，另一方面则是基于他极其高明的实验技术。他的许多分析数据与今天的值比较起来只有千分之几的误差！如果我们考虑到贝采利乌斯的工作条件，那么，这一点就更使人赞叹了。

在贝采利乌斯开始测定原子量时，瑞典几乎没有什么化学试剂出售，一切都要亲自动手制造。化学家甚至必须用岩盐和硫酸来制取分析用的盐酸，因为市售盐酸的浓度太低了。1808 年，整个瑞典只有一只铂坩埚，还是希辛格的。后来，贝采利乌斯从德国一个药房订购了三只瓷坩埚，但最后他自己仅获得了其中的一只。他没有助手，也不依靠学生，原子量的测定几乎全部由他一人完成！

贝采利乌斯在分析中不断提出新的方法，引入新的化学试剂，制造新的仪器，终于把贝格曼时代以来的分析化学提高到一个很高的水平。

贝采利乌斯在《化学教科书》第三卷中增加了一个附录，按字母顺序排列了当时所用的主要仪器，并对其使用方法作了详细的说明。他首先列出了洗瓶、各种漏斗、木滤架、水浴装置、连接玻璃仪器的橡皮管等。如果我们把拉瓦锡的《化学基本教程》书末所附的仪器图和贝采利乌斯《化学教科书》中的附图比较一下就可以看出，拉瓦锡的仪器好像是古董店中的展品，而贝采利乌斯的仪器就是现代实验室中的挂图。

在贝采利乌斯所使用的分析方法中，特别重要的一种就是吹管分析[1]。这种始于克劳斯塔得的方法，在贝采利乌斯手中发展到最高峰。1820年，贝采利乌斯总结这种方法并用瑞典文写成的《关于化学和矿物学研究中吹管的使用》一书出版。此书还有德译本、法译本和英译本。

要详细介绍贝采利乌斯对元素分析的贡献在我们这篇传记中显得既琐碎又不可能，但有一个例子可以使我们窥见他的分析才能之一斑。在元素周期表中，第Ⅷ族中的铂系元素共6种，总是以共生态存在。由于它们彼此性质很相似，所以铂系元素的分离一直是技

---

[1] 方法是这样：将固体试样（有时另加试剂）放在木炭的凹穴中，用玻璃管吹火焰灼烧使试样还原或炭化，根据所发生的现象如颜色、气味等可鉴定某些元素或化合物的存在。

术上的一大难题。1827年，贝采利乌斯在收到俄国乌拉尔地区的铂矿石后，以极其巧妙的办法把铂的伴生物铑、钯、锇、铱（当时钌尚未发现）彼此分离开来，并测定了它们的原子量，得出了它们氧化物的盐。

贝采利乌斯用他的分析成果不断充实着无机化学知识的宝库。19世纪初，由于勒布朗制碱法得到推广，硫酸需求量大增。1808年，在甘恩邀请下，贝采利乌斯以及另一个化学家埃格尔兹共同买下了一家硫酸厂。1818年，贝采利乌斯和甘恩从生产硫酸的铅室的红色沉淀中分离出一种新元素，贝采利乌斯把它命名为硒（Selenium）。这家硫酸厂在1826年关闭，贝采利乌斯又蒙受了一次财产损失，但他认为这个损失不能与发现硒的业绩相比。

贝采利乌斯还发现了几种新元素。自拉瓦锡以来，化学家就相信硅石是一种氧化物。1811年，盖-吕萨克用金属钾和四氟化硅反应制得一种红褐色粉末，他未敢肯定这就是单质硅。1823年，贝采利乌斯重复了盖-吕萨克的实验，同时又用金属钾小粒与硅氟酸钾混合加热的方法制取了灰色粉状的无定形硅，从而确认了硅元素的存在。

1828年，贝采利乌斯从挪威西南部一个岛上获得了一块比重很大的矿物，他怀疑其中含有一种不知名金属的氧化物，于是把这种未知金属命名为钍。1829年，贝采利乌斯把钾和氟化钍钾的混合物加热获得了一种金属，宣布了钍的诞生。

在贝采利乌斯的指导和参与下，他的学生也发现了两种新元素：锂和钒。随后贝采利乌斯测定了锂的性质和原子量。

金属钒是塞夫斯特穆发现的。他早年就读于卡罗琳外科医学院，是贝采利乌斯的得意学生。发现钒这年塞夫斯特穆已是矿物学院的教授了。1830年，塞夫斯特穆研究瑞典斯马兰地区的铁矿时发现一种黑色颗粒，他认为这是一种新元素的氧化物，并把该元素命名为钒。他把这种黑色颗粒带到贝采利乌斯那里共同研究。他们一起做了三个星期的实验，试图将杂质从氧化钒中分离出去并找出分离氧化钒的方法。后来塞夫斯特穆回依尔斯波老家了，贝采利乌斯便一个人把实验做下去，直至分离出一种灰色粉末[1]。但贝采利乌斯要塞夫斯特穆把它提交给瑞典皇家科学院，以使塞夫斯特穆可以独享发现的名誉。

化学作为一门实验科学，不但需要有人设计出理论大厦，而且需要更多的人在实验室做添砖加瓦的工作。贝采利乌斯就是这样的理论大师和实验大师。

五、著作等身，弟子如云

当贝采利乌斯还在斯德哥尔摩医学院做无薪讲师时，唯一可用的瑞典文教科书就是加多林的《化学教程》，这本书基本上是拉瓦锡《化学基本教程》的编译本，许多新东西都没有写进来。贝采利乌斯决定自己来编写教科书。1806—1808年，他用瑞典文出版了两卷集《动物化学讲义》，该书也有英译本（1813）和德译本

---

[1] 真正的钒单质是英国化学家罗斯科在1869年取得的，经他确证，贝采利乌斯获得的"钒单质"实际上是氮化钒。

（1815）。在该书中他首次提出了"有机化学"的概念。

1807年，贝采利乌斯升任教授，他决定编一部反映最新科学成就和他自己观点的大部头教科书。他的《化学教科书》瑞典文第一版共分三卷，第一卷1808年出版，第二卷1812年出版，第三卷1818年出版。在最后一卷中贝采利乌斯由于发表了原子量和阐述了电化学二元论而名闻遐迩，国王查理十四提升他为贵族。

由于工作过度，贝采利乌斯患上了神经性头痛。同事们都劝他到法国旅行，政府为此支付给他2000泰勒，并交给他研究国外火药制造技术的任务。1818—1819年，他在巴黎滞留一年，会见了欧洲科学界的名流拉普拉斯、贝多莱、盖-吕萨克、沃克兰、安培、杜隆、阿拉戈、泰纳尔、阿维以及洪堡等人。他们都为自然科学的巨大进步而欢欣鼓舞，决定加强相互的合作和交流。贝采利乌斯的威信是这样高，以至他回国路经柏林时竟有一批青年化学家追随他到斯德哥尔摩来。当贝采利乌斯回国时被告知，在他出访期间他已被选为瑞典皇家科学院的秘书，主持发表工作。此时贝采利乌斯决定将办了10多年的《物理、化学和矿物学丛刊》停刊，以便把精力集中到《瑞典皇家科学院通报》上来。贝采利乌斯也从卡罗琳外科医学院迁到了瑞典皇家科学院居住。

19世纪20年代，贝采利乌斯的事业达到了鼎盛时期。他一生用各种文字发表论文200多篇，这一时期占大多数。除《瑞典皇家科学院通报》外，当时著名的《吉尔伯特年鉴》、《波根道夫年鉴》、《化学年鉴》（巴黎出版）、《汤姆森年鉴》几乎每期都有贝采利乌斯的文章。

从法国回来后，贝采利乌斯就想办一个国际性的文摘刊物，以便评论物理、化学方面的进展。1822年，他主办的瑞典文版《物理、化学进展年报》出刊，之后一年一册，共出27期，总页数达12000页。贝采利乌斯在发刊词中写道："靠这些关于科学成就的报告的陆续出版，国家的知识阶层就有可能达到它所抱的最终目的：这就是更迫切地认识人类知识的进步，大大地重视实用科学的研究，更广泛地把它们的结果应用到技艺和工艺中去，以及必然由此而产生的更加普遍的繁荣和相互了解。"贝采利乌斯的《物理、化学进展年报》是这样一种年刊：它不仅概括了各国化学家在实验上和理论上的成就，而且还建立了他们之间的密切的学术联系。《物理、化学进展年报》的出版，成了19世纪下半叶一系列文摘性和评论性刊物的先声。即使在它停刊多年以后，它仍然是我们了解19世纪前半期化学、物理学进展的可靠文摘。

《物理、化学进展年报》第一期出版后很快就由海德堡的化学教授格梅林译成德文出版。当时维勒在海德堡学医。格梅林看出他的化学才能便推荐他去贝采利乌斯处学习。1823年，维勒在斯德哥尔摩学习半年多，回国后在柏林和卡塞尔教化学，由于贝采利乌斯的推荐，维勒从1836年起任格丁根大学教授。他和贝采利乌斯保持着终身友谊，他们的通信集20世纪初在莱比锡出版。从1825年的第4期开始，维勒就从格梅林手中接过翻译《物理、化学进展年报》的任务，直到最后一期。他的译文准确优美，比瑞典文原版更多地被引用。

除编辑出版《物理、化学进展年报》外，贝采利乌斯的私人通信对当时的化学家也产生了巨大影响。这些信件于1912—1941年出版，共3250封。

1825—1831年，《化学教科书》瑞典文第二版共四卷出版，随后由维勒将它译成德文。之后贝采利乌斯决定《化学教科书》不再出瑞典文版而仅出德文版。1833—1835年出版的第三版及1835—1841年出版的第四版各四卷均由维勒从贝采利乌斯的手稿译成德文。第五版共五卷是由贝采利乌斯和维勒共同完成的，于1843—1848年出版。

《化学教科书》第五版第一卷是关于化学的一般规律。贝采利乌斯对化学所下的定义如下："我们周围的大自然和构成它的一环的我们自己，都是由某些基本物质或元素构成的。我们把对这些元素、它们彼此的化合、这种化合所根据的力量以及这些力量发生作用时所根据的定律的认识叫作化学。"第二卷专讲金属。第三卷讲盐。第四卷讲有机化学的一般问题。最后一卷论述生物碱及其他有机物质。亨利克·罗斯非常公正地评价了这部著作："在这部教科书中，贝采利乌斯十分详尽地叙述了他在这门科学中所知道的一切事实，而且是以异常清晰和锋利明快的笔调叙述的。同时，一切都是用健康的批评来讨论的。"

《化学教科书》还被译成法文、意大利文、荷兰文和西班牙文。各种文本都多次再版，哺育了好几代化学家。鉴于贝采利乌斯的科学著述对瑞典技术语言的贡献，瑞典文学院选他为院士。

在19世纪的化学家中，那些能亲随贝采利乌斯学习的人就显得特别幸运了。贝采利乌斯在他的自传中开列了曾在他实验室工作过的有所成就的24名瑞典学生和21名外国学生。除上面提到的几人外，比较著名的还有瑞典人莫桑德、以发明提取硒的方法而著名的德国化学家马格努斯以及发现热量总和守恒定律的俄国化学家盖斯。

贝采利乌斯不但在科学研究中对学生严格要求，而且竭尽心力为他们安排工作，表现了宽阔的胸怀。莫桑德早年受医学教育，1825年后在卡罗琳外科医学院做贝采利乌斯的助教和瑞典皇家科学院矿物标本室主任。1832年，贝采利乌斯辞去医学院教授职务，推荐莫桑德接任。虽然这使贝采利乌斯减少了收入，但他在致马格努斯的信中写道："这是我的职责，因为不这样的话我的学生莫桑德就只好做老讲师了。"莫桑德果然不负众望，在1839—1843年间分离出镧、铽、铒三种稀土元素的"稀土"以及"镨钕混合稀土"。

在与贝采利乌斯有科学交往的人中，德国化学家李比希占有特殊地位。他比贝采利乌斯小24岁，1825年做吉森大学教授。1832年创办《李比希年鉴》[1]。贝采利乌斯是该刊的经常撰稿人。李比希对贝采利乌斯也非常尊敬。1842年，李比希写信给贝采利乌斯，附去他即将出版的一本书的前言草稿征求意见，草稿对贝采利乌斯有过分的溢美之词。贝采利乌斯立即回信婉言谢绝。他们经常通信，保持着友好关系，但有时也发生激烈争吵。

1　该杂志开始叫《药学年鉴》，1840年改名《化学与药学年鉴》，1847年改名《化学年鉴》，李比希去世后改名《李比希化学年鉴》。为简便起见，一般就称它为《李比希年鉴》。

贝采利乌斯在编辑《物理、化学进展年报》的过程中，了解到相当数量的反应受一些物质的影响，而这些物质在反应过程中保持不变。于是贝采利乌斯理解到这些反应都有一个共同的性质。他在1836年的《物理、化学进展年报》中指出："可以证明，一些单质和化合物……具有对其他物体施加作用的性质，这种作用和化学亲和力不同……我不认为这是一种独立于物质的电化学亲和力的力……但是，因为我们未能发现它们的联系和互相依属性，那么用一个单独的名称来称呼这种力更方便些……所以，我将这种作用力称为'催化力'。与此类似，我把物体依赖这种力的分解称为'催化'。"贝采利乌斯的观点遭到李比希的强烈抨击，后者说："用一个新名词创造一种新力不能解决任何问题。"事实证明贝采利乌斯是对的，他的意见在确立催化效应方面迈出了很大一步。

贝采利乌斯的洞察力和概括力的表现还不止于此。他还总结过好些化学现象，提出过好些重要的化学概念。早在1825年他就建议把氯、溴、碘三种元素叫作"卤素"，意思就是"成盐物"。1831年，他提出把具有相同化学组成而具有不同化学性质的现象叫作"同分异构"，源自希腊文，意即"含有相同的成分"。他确定"聚合"和"位变异构"是同分异构的特例。同分异构的概念在之后形成化学结构学说的过程中起着重要作用。1838年，他在致荷兰化学家米尔德的信中建议将后者从奶酪、纤维和蛋白中分离出的一种物质叫作"蛋白质"（protein），这个词源自希腊语 pröteios，原意是"首要的"，因为他认识到这种物质对活物质来说是最重要的。1840年，他还提议将同一元素组成不同性质的单质的现象叫作"同素异形"。贝采利乌斯所铸造的这些科学概念已在化学中牢牢地站稳了脚跟。

由于贝采利乌斯在科学上的贡献及其学术活动,他成了深孚众望的人物。在他结婚那天国王封他为男爵。沙皇尼古拉一世到瑞典访问也要参观他的实验室。但是在科学家的心目中,他是不可企及的巨擘,永放光芒的宗师。亨利克·罗斯在贝采利乌斯逝世三周年之际曾在柏林化学会发表演说,对他的老师作出了这样的评价:

> 他是这样一个人,在他的研究工作中表现了极不寻常的品质,他用很多实际和理论上的重要发现同时也用重要的数据丰富了这门科学的所有分支,他用哲学精神总结了他的整个工作。他使他的学科系统化,用批评的力量为它开辟了前景。他是无与伦比的理论和实用化学教师,教导和鼓励了大批学生。他在如此巨大的范围内履行了科学的最高要求,以至他的人格在很多世纪中都将是光辉的榜样而光芒四射。

六、巨星陨落

虽然贝采利乌斯在1806—1808年就出版了《动物化学讲义》,并提出了"有机化学"概念,但当时所知的有机化合物实在不多,而且也没有什么理论可循。最大的问题在于,在1811年以前还没有一个化学家就有机化合物是否服从定比定律和倍比定律作出明确的回答，因此有机化合物是不是原子学说意义上的化合物也成了问题。包括贝采利乌斯在内的很多人都认为有机化合物是一种含有特殊生命力的物质，即相信所谓"活力论"。

贝采利乌斯从1811年起开始分析有机化合物，特别是1814年他发明了一种填充有氯化钙的有机分析仪器，对有机物燃烧后生成的水和二氧化碳能够充分吸收，使分析的精确度达到小数点后第三位这样惊人的程度。贝采利乌斯的仪器后来由李比希再度改进，成为有机分析的基本仪器。贝采利乌斯花了18个月的时间对7种酸作了21项分析，得出一系列酸（实际上是酸酐）的化学式，从而确证了有机化合物也服从定比定律和倍比定律。这是贝采利乌斯在理论上和实验上对有机化学做出的巨大贡献。

当贝采利乌斯按电化学二元论来写有机化合物的化学式时遇到了一些困难。他发现有机分子的某一半有时显正电性，有时又显负电性，于是他发出了这样的感叹："有机化学是一门如此特殊的科学，以至一个化学家从无机界的研究转入有机界的研究就好像进入了一个他完全陌生的领域。"

贝采利乌斯考虑到，氧在有机物中可能像在无机物中一样起着举足轻重的作用。到1817年他似乎解决了将电化学二元论运用于有机化合物的问题，开始把有机物看成是某一复杂基团与氧的化合物。他在德文版《化学教科书》第二版第三卷中写道："在我们弄清了有机界及无机界产物之间存在的区别以及其基本组分相互间化合的不同方式后，我们发觉，这个区别实际上在于这样一个事实，即无机界中一切可氧化的物质含简单基团，而一切有机化合物是复杂基团的氧化物。植物的基团通常由碳和氢组成,而动物体的基团由碳、氢和氮组成。"这个学说在化学史上称为"老基学说"。按照这个学说,他把所有含氧的有机物都写成了复杂基团的氧化物,乙醇可写成(C_4H_6)O,乙醚可写成(C_4H_{10})O,醋酸钙可写成CaO+(C_4H_6)O_3。

1832年,李比希与维勒宣布发现了一个新的复杂基团苯甲酰基,这使贝采利乌斯兴奋了一阵子。开始他以为这是对他的"老基学说"的有力支持,但很快就发现氧在这个基团中仅仅是一个不太重要的组分。这是对电化学二元论的第一次重大打击,贝采利乌斯感到很沮丧。为了使各种基团合乎电化学二元论,贝采利乌斯想出了各种各样的式子,越写越复杂,但总不能与事实相符合。

形势对贝采利乌斯越来越不利。他的健康日差,偏头痛经常发作,脾气也越来越坏。他感到很孤独,于是在1835年与他的朋友波皮乌斯法官的女儿结了婚。到1837年他已很少去实验室了。他在给李比希的一封信中写道:"感谢上帝,我的健康还像过去一样好,我度过了幸福的日子,但是推动我科学研究的力量现在枯竭了。"

1839年,一个年轻的法国化学家洛朗对贝采利乌斯进行了猛烈攻击:"这位著名化学家提出的式子没有哪个不包含一个假设,许多式子还包含几个假设。假如贝采利乌斯给我看了即使一个基团……假如他在酸里……哪怕只析出了一个复杂基团,我立刻就会放弃自己的'奇怪观念'。可是谁看见过十八烷酸、十七烷酸、醋酸和其他酸的乙基、甲酰基以及数百个其他类似的基团哩。"

贝采利乌斯的确老了。

同年，法国化学家杜马发现的三氯醋酸成了对电化学二元论的致命打击。他发现醋酸中的三个氢原子完全被氯原子取代而产物的化学性质不变。杜马写道："我所发现的电化学理论与贝采利乌斯的电化学理论不相符，贝采利乌斯希望氢永远是正电的，氯永远是负电的。"贝采利乌斯的电化学二元论逐渐被他的同行、朋友和学生摒弃了。连他寄给《李比希年鉴》的文章也被李比希大段删节，有时还加一个不同意的按语！贝采利乌斯气急败坏。他一会儿攻击杜马，一会儿攻击洛朗，接着是李比希。对电化学二元论的无限信心，使他几乎完全丧失了看出新实验的意义的能力。他死心塌地地相信，他的对手的观点只要不符合他的电化学理论就不可能是正确的。李比希也毫不示弱，接连在《李比希年鉴》发表攻击电化学二元论的文章。贝采利乌斯再也按捺不住了，在1848年他对李比希发出强烈谴责。李比希对贝采利乌斯的不满也是毫不掩饰的。他在给维勒的信中写道："当我们工作的时候，贝采利乌斯却在睡觉，指挥权已经从他的手中旁落了。"他还在另一封致维勒的信中说："他为什么还不退休？为什么还不退出舞台？"

有什么比看到自己花费了毕生精力建立起来的心爱的理论大厦的倾倒更为悲哀的呢？贝采利乌斯的悲哀是不可名状的。虽然大家还尊敬他，把他视为曾为化学大厦奠基的伟大建筑师，但没有什么人肯听他那一套关于电化学二元论的说教了。他还在修改他的《化学教科书》。1847年出版的第五版第四卷反映了他在有机化学这块领地上的彷徨。

贝采利乌斯感到特别疲倦，他觉得他已无力来完成《化学教科书》最后一卷的修改工作了。他写信给维勒，请求后者接着把这一巨著完成。

那时候，只有莫桑德还在贝采利乌斯身边。他还兼着瑞典皇家科学院的职务，和贝采利乌斯是邻居。在莫桑德心中，贝采利乌斯仍是他最敬仰的老师。1848年4月18日莫桑德写信给维勒说："这位大师不久恐将进入另一个世界，但在我们后辈的心里，他的名字将永远受到尊崇和爱戴。他在世间所成就的一切工作——你和我知道的一切——并非为了徒博虚名，而是出于对真理和文化的纯真热爱，他做研究工作的动机，总是从纯洁的源泉产生，因此，在尚未撒手人世以前，在他智慧的力量尚未消散而仍能贡献于科学的最后一刹那，我们怎能不让他有保卫科学和他自身的权利呢？"

在莫桑德这封信发出后100多天，即在1848年8月7日，一代化学大师贝采利乌斯在瑞典皇家科学院他自己的安乐椅上与世长辞。

巨星陨落了！然而后世的化学家将永远记住，他的灿烂的光辉曾那样指引过黑夜中的道路，他的辉煌业绩将永载史册！

（作者：刘劲生）

李比希

振兴德国化学工业的巨擘

尤斯图斯·冯·李比希

(Justus von Liebig, 1803—1873)

19世纪中叶以前，德国还是一个由数十个小邦国封建割据的国家，经济发展水平远远落后于英、法等先进的资本主义国家。当时世界科学的中心在巴黎。其后，在短短几十年里，德国在政治上完成了由封建主义向资本主义的转变，工业上先后赶超法国和英国成为欧洲头号工业强国，科学也后来居上成为新的中心。在落后的德国迅速改变面貌的这段历史时期中，德国的科学家们具有什么样的精神呢？他们又做出了什么样的努力和贡献呢？19世纪德国伟大的科学家李比希，就是这些为振兴祖国科学和工业事业做出积极贡献的代表人物之一。

一、天生的化学家

对于天生的化学家李比希来说，他生逢其时，一辈子都活跃在一个化学家大有可为的时代。1803年5月12日，他诞生于德国达姆施塔特。他的父亲是当地一位颇负名气的药剂师。他的母亲是一个犹太人的私生女，她生育了9个孩子，李比希排行老二。

李比希家的楼房坐落在达姆施塔特城中一条狭窄的胡同里，上面挂着药房的招牌。楼房第一层有好几个大房间，那是父亲配制和出售各种药品的药房。小李比希生于斯，长于斯，那些奇形怪状的瓶瓶罐罐在他眼前展现出一个变幻莫测的化学世界。药房还有一个被家里人称为"厨房"的附属建筑物，通常只有那些特别复杂的医用浸膏才在那里配制，或者在那里蒸馏某种液体，孩子们不能轻易闯进"厨房"。这更加增添了"厨房"的神秘色彩。它刺激着小李比希的想象力，并磁石般地吸引着他动手去实验些什么。

走出家门，狭窄的小胡同却是一个应用化学的小世界。一位邻居虽然没有高深的学问，却会用脂肪、碱和盐熬制硬挺而白净的肥皂！小李比希还常去其他邻居的染房或制革作坊，一看就是半天。热闹的集市也吸引着他，他从一位卖"仙丹妙药"的人那里学会了制造"小炸弹"。于是，父亲的药房成了他制造"小炸弹"的实验室。达姆施塔特城里的男孩子们非常爱玩这种"小炸弹"，纷纷向小李比希购买。当小李比希把自己挣到的钱交给父亲时，他心中充满了自豪感。无疑，这种生活环境使李比希从童年起就树立了这样一种信念：只有那些在实验室中能够加以模仿再现的东西，才是值得研究的，有意义的。

相比之下，学校正规教育的那些拉丁语、希腊语和语法公式，李比希感到乏味极了。上课时，他总是开小差，成绩也不出色。李比希的邻桌同学热爱艺术，上课同样心不在焉。李比希后来回忆道："我和邻桌的同学相互竞争，看谁能占据班上成绩最差的位置。当我在考虑实验时，他的习惯是在桌上用书盖着秘密地写东西。当我问他写什么时，他回答说：'我在作曲。'"小李比希玩忽学业引起了老师的忧虑。有一天，老师问他将来到底想干什么，李比希当即起立，毫不犹豫地答道："我准备当个化学家！"

这明确的回答招致的是一阵嘲笑。当时，虽然拉瓦锡、伏打等科学家的工作已为化学革命拉开了序幕，但化学的重要性及其应用问题远未被人们所认识。不少人是分不清化学和炼金术的。事实上，在李比希生活的时代，由蒸汽机所引起的第一次工业革命，已极大地促进了冶金、纺织等工业的迅猛发展，人们需要大量的化学材料和制品。例如，天然染料显然已不能满足纺织工业的需要，而工业废料煤焦油也是一个颇待研究、利用的宝库。小李比希对老师和同学的嘲笑不以为意。他耳濡目染的生活环境使他深深体会到，化学可以为人类生活谋取实际利益，可以为新兴产业打开大门。这种自幼培养起来的坚定信念，支配了李比希今后一生的科学活动，使他总是力图开辟化学的新领域，并把化学的实际应用摆在重要位置上。这种追求和奋斗，使李比希成为在德国科学和工业振兴中起重要作用的代表性人物之一。

小李比希不是不爱读书，他是带着对化学的梦想一头扎入化学的学习中去的。他从宫廷图书馆借阅各种化学书籍。馆员总是热情地接待这个求知欲很强的孩子。馆员向李比希推荐了马凯的《化学词典》、施塔尔的《化学基础》、卡文迪许的著作及化学教授葛特林等人的自然科学札记。一开始，小李比希的注意力被一本名叫《锑之凯旋车》的精装厚本书所吸引。这是德国著名僧侣兼炼金术师瓦伦丁写的，里面有当时的化学知识以及作为炼金术和古代医学化学理论的基础概念。这些充满炼金术术语以及各种哲理和假说的书籍，很难使一个孩子从中理出个头绪来。但小李比希仍然怀着内心的向往，把宫廷图书馆书架上的化学书籍依次读完了。他更有兴趣的是在家里的药房和那个神秘的"厨房"里重复书中的实验。每一次实验,他都极其严肃认真,注意观察实验过程中的各种现象,从不忽略任何细节。孩童时代的这种自我严格训练,使李比希具备了化学家所必需的敏锐观察力和娴熟的实验操作技巧。

小李比希却被学校开除了,原因是他在上课时玩弄自制炸药引起了一次爆炸。父亲并没有过分地谴责孩子,他深深理解儿子对于化学的迷恋。小李比希被送到一间药房给那里的店主当助手,赚钱糊口。这个勤奋能干的助手很快赢得了店主的信任,常常独立干些活计。店主还拨给他一间阁楼,供他业余做实验。不幸的事又发生了。有天晚上,小李比希在阁楼里醉心于实验时,他前几天制好的一种新炸药,被从桌上滚下的研杵击中而发生了剧烈爆炸,掀掉了阁楼房顶,小化学家却皮肉未损。店主再也不能容忍了,把他送回了家。这一年,天生的化学家李比希才15岁。

李比希回家后,父亲暗自庆幸他亲爱的儿子回到自己身边,从此父亲多了一个具有渊博化学知识的得力助手。药房的收入增加了。尽管这样,维持一大家人的生活还是很紧张的。富有远见的父亲仍决心送儿子上大学深造。他知道,孩子的才能绝非在一个小城的药房中所能施展得开,小李比希应该登上德国化学界的大舞台。

1820年,李比希进了大学,第二学期又随师转入埃朗根大学。当时,德国大学虽然以古典学术和哲学研究著称于世,却依然在讲授一种混杂的自然哲学。著名哲学家谢林正在大学教哲学课,李比希的化学老师卡斯特纳教授深受谢林的影响。德国高校偏重哲学的教学体系,这使李比希获得了必要的哲学训练,对他成为大科学家是有益的,但他不能接受卡斯特纳教授对实验工作的冷漠态度。这时，另一位教授为李比希提供了实验室。在那里，他进行了一系列确定雷酸组成的实验。

李比希明白，对于一个真正的化学家来说仅仅进行哲学思辨是不行的。而科学落后的德国却拘泥于古典传统，难以摆脱这个崇高的思想包袱。李比希渴望到国外的大化学家身边去学习。刚好，一件意外的事件使他不得不出国。

青年李比希有着热烈的社交倾向，他生性好争斗，并且往往很执拗。这样，他成为大学生中一个秘密社团的核心人物。在一些社团争端中，李比希是个引人注目的角色。埃朗根大学当局搜查了他的住所并对他提出起诉。李比希必须出国去避风。塞翁失马，焉知非福。达姆施塔特市大公的秘书，曾在宫廷图书馆结识小李比希，很欣赏他的才华。所以，当李比希向大公请求给予他去巴黎学习的资助时，很快就得到批准。卡斯特纳教授也为他写了推荐信。1822年，李比希就这样离别了祖国，前往当时世界科学的中心巴黎。在人生的道路上，他迈出了有决定意义的一步。

在迈出这一步之前，他面临着两个选择：巴黎和斯德哥尔摩。斯德哥尔摩是当时举世公认的化学权威——贝采利乌斯的所在地，他和他杰出的助手们、学生们形成了化学界的一大学派。而继英国之后，法国成为近代科学的中心已有数十年了。从奠定近代化学基础的大科学家拉瓦锡起，法国化学学派就开始形成。19世纪20年代，那里集聚着盖-吕萨克、泰纳尔、谢弗勒尔等大化学家，还有著名的巴黎综合工科学校教授杜隆，他们都对近代化学的发展做出了卓越的贡献。李比希到巴黎时只有19岁。

巴黎当时不仅拥有世界上第一流的化学家，而且有最先进的实验室。在李比希的大学时代，以有机化合物的提纯、有机分析和有机合成为研究对象的近代有机化学，还处于初创时期。其中，首先发展起来的是有机化合物的元素分析，碳、氢分析尤为重要。盖-吕萨克和泰纳尔就是由于在1810年取得了有机化合物元素分析的第一批令人满意的结果，而闻名于化学界。

李比希再也不是一个玩忽学业的学生了。盖-吕萨克是个优秀的化学教师，他讲授严格的知识体系，并启发学生思考有关化学发展方向的问题。他还亲自指导学生们做实验。可以说，李比希后来成为一个杰出的化学家和教育家，主要是在盖-吕萨克那里受训的结果。

盖-吕萨克也很快注意到这位从落后的德国来的年轻化学家，尤其是他对李比希精确地测定雷酸盐组成的工作大为赞赏。他在法国科学院报告了这一研究成果，引起了人们的注意。会议休息时，德国科学界的泰斗——洪堡见到了李比希。洪堡满腔热情地鼓励这位后起之秀努力学习。

洪堡对祖国的青年优秀人才，并不是停留在口头赞扬上。他总是想办法提供人才成长的最好条件。这次会议之后，由于洪堡的推荐，李比希从普通大学生实验室中调出来，作为盖-吕萨克的助手转入他的私人实验室。这样，李比希开始了和法国大化学家的合作研究。他不仅掌握了复杂的分析方法，而且学会了进行系统的研究。

盖-吕萨克的言传身教，法国大学注重科研实验的风气，使李比希深深体会到利用实验室对化学家进行系统训练是多么重要。实验室及其指导者,对于学习化学的人来说,无疑是个示范中心。初学者只有在这里接受严格训练,才有可能知道如何进行科学研究。

李比希先后在德国、法国学习化学。相比之下,德国大学就落后、沉闷得多了。对振兴祖国科学事业怀有满腔热情的李比希,决不满足于个人学业的进取。他暗自下决心,回国后要建立起现代化的化学实验室,让一批又一批的年轻人在那里受训,然后形成一支新型的科研队伍。

二、吉森实验室和《化学与药学年鉴》

1824年春,21岁的李比希返回故乡达姆施塔特。不久,他被破格任命为吉森大学编外化学教授。这项任命并没有通过吉森大学学术委员会的批准,而是由于洪堡和盖-吕萨克两位大科学家的书面保举,获得吉森当局批准的。

李比希的理想终于实现了:他成为一个名副其实的化学家。他那饱满的青春的热情和旺盛的精力,他那对振兴祖国科学教育事业的崇高责任心,使他不可能把自己关闭在小实验室中潜心搞研究。他不但要搞研究,还要推行一整套教育改革的计划。

李比希认为,不能仅仅照搬他在巴黎学习的课本。他编写了新的教学大纲。这一大纲,为近代化学教学新体制奠定了一个良好的基础。同时,他开始着手创建世界上最先进的化学实验室。由于他是编外教授,就不能指望得到学校当局的支持。他就向政府机构提交了建立化学实验室的报告。政府工作的低效率实在令人沮丧,李比希迟迟得不到答复和任何实际帮助。

年轻人的热情和勇往直前的精神，是不可挫败的。李比希是个勤于动手的实干家，又很善于交际。他不顾一切地开始建造实验室。为此，他花去了自己许多积蓄。不久，政府经费也拨下来了。

1826年，年轻的李比希教授双喜临门。他惨淡经营的吉森大学化学实验室终于建成了，他为之疲于奔走的改革教育体制的建议，也得到大学教授们的一致支持。

李比希的实验室是个什么样子呢？它是利用一个废的空兵营改造的，里面没有通风设备。屋子中间是一个大煤炉，靠墙四周摆着椅子。别看这个实验室貌不惊人，它却是德国科学家自己精心设计的第一个实验机构，体现着训练新型科学家的整个新模式。有经验的化学家在这里精心安排实验计划，把学生从一个阶段引导到下一个阶段，从系统严格的操作训练到能在科学家指导下独立进行研究。实验不再是简单重复课本上的练习，而是要让学生接受真正的科研训练。

无疑，李比希是这个实验室的灵魂。无论是他那作为教师的磁石般的吸引力，还是他那高超的分析技巧，都使他在推行教学改革时获得了信任和成功。而且，当他在训练学生们时，也能够自己动手搞一系列研究。化学研究从化学家个人的实验，变成了有组织的研究计划。其结果是科学成果和科学人才同时涌现。这一光辉的典范，很快在其他实验科学里得到推广。

就这样，从李比希开始登上德国科学和教育舞台那天起，他就不仅是一个卓越的化学家，而且是一个杰出的科学活动组织家和教育家。作为教育家的李比希，其作用和影响远远超出他对一门学科——有机化学的贡献。他所创建的吉森实验室，在化学史上是现代实验组织和教育相结合的开端；在德国，它是科学和工业振兴的一个坚实而又光辉的起点。正如著名科学史家丹皮尔所说："1826年，在吉森建立了一个实验室，从那时到1914年，学术研究的有系统的组织工作，在德国异常发达，远非他国所及。"

作为一个科学事业家，李比希还渴望掌握更有力的手段。为了促进学科发展和培养人才，1832年李比希开始编辑出版《药学年鉴》。1840年，它更名为《化学与药学年鉴》。这是李比希对德国科学发展最持久的不朽功绩之一。他去世后，杂志改名为《李比希化学年鉴》。

罗伯特·迈尔在1842年完成了论文《论无机自然界的力》，但是得不到当时物理学界的承认。李比希却同意将它发表在自己的年鉴上，表现了他的真知灼见和支持新生事物的勇气。这篇论文包括了关于热功当量的研究成果，也就是说包括了能量守恒的伟大原理。

教学、科研、实验室工作和写作，对于一个科学家来说已经是够沉重的负担了，但是李比希仍然耗费大量精力，从事《化学与药学年鉴》的编辑工作。他仿效贝采利乌斯的做法，对每一篇刊载的文章都要加上亲笔写的短评。为了评论化学论文，他在写短评前要在实验室里对文章进行验证。通常，他把验证工作交给助手们。可以想象，李比希正是以十倍的热情从事这些头绪繁多的工作的。

李比希所推行的这一套一反德国沉闷传统的新教学法，无疑是有生命力的，加之他那旺盛的活力，出色而热情的个性，他很快吸引和培养了大批出色的学生。科学人才在德国成批地涌现出来。在之后数年、数十年中，这些学生成为德国化学工业迅速发展的领导人物。他们既有大学学术中心的骨干，也有工业生产第一线的骨干。

李比希的学生很多。其中最著名的有这样一些人。霍夫曼原本是在吉森大学学哲学和法律的，在李比希魅力的感召下转学化学，后来成为李比希最主要的助手。他从煤焦油中制取化合物，这些成果对于德国强有力的染料工业在19世纪后期的迅猛发展是至关重要的。他在接受柏林大学的聘请后，便在那里建立了化学研究所并培养了大批优秀的学生。他还于1868年创建了德国化学会。费林发明了测定单糖的方法和反应试剂，是德国著名的有机化学家和工业技术家。具有有机化学知识的人都知道凯库勒，1865年他首次满意地写出苯的环状结构式，对有机化学的发展做出了划时代的贡献。他本来是在吉森大学学建筑的，也是在李比希的感召下改攻化学。弗雷泽纽斯从1841年起成为李比希的助手，他发明了新的化学方法，并效仿李比希，在威斯巴登建立了另一个至今闻名于世的实验室，还终身从事编辑《分析化学》杂志的工作。弗尔加德，他以创立用途广泛的精确的滴定法而载入化学史册。

这些杰出的德国科学人才，又培养出更多的人才。他们用李比希所示范的科学精神，献身于德国的科学、教育和工业事业。众所周知，德国科学的赶超是以化学为突破口的。1848年在德国资产阶级革命成功后，出现了普遍的工业高涨。其中新兴的化学工业发展尤为迅猛。到19世纪末20世纪初，德国的酸、碱化学工业品产量已占世界首位，染料、医药、照相化学产品驰名世界。因为这些工业的特点就是通过引进新产品进行不断的更新，这些工业的优势在于组织和教育。要能提供训练有素的化学研究人员去探索新产品，要能提供化学工程师保证有效地生产。显然，这场较量的优势在德国这一边。正是李比希开创的教育传统训练了大量化学工业所急需的化学家。据统计，1890年德国化学家竟达英国的两倍之多。

李比希的学生中还有不少外国人。如确定乙醇、乙醚化学式的英国化学家威廉森；提出新的有机化学类型说的法国著名化学家热拉尔；意大利著名化学家索布雷罗；还有被门捷列夫誉为"俄国化学家之父"的沃斯克列先斯基。

从1824年李比希到吉森至1852年他前往慕尼黑的28年间，以李比希的实验室和《化学与药学年鉴》为中心，形成了一个有机化学的吉森学派。李比希和他的学派声名震动世界学术界。

三、深入有机化学的原始森林

19世纪早期，无机化学研究已趋于成熟，而有机化学则是刚刚引起人们的兴趣，它的实践和理论都还处于一片混沌的状态。醋酸可以用多种不同的化学式写出。每个化学家都认为使用自己的一套化学表达式是独立见解的标志。对于无机化合物和有机化合物是否遵循着同样的化学规律，化学家们持不同见解，争吵激烈到了相互攻击的地步。

李比希的挚友、德国伟大的化学家维勒曾说过这么一句话，足以反映出他们所处的时代，他说："有机化学当前足以使人发狂。它给我的印象，好像是充满着最新奇的东西的原始森林；它是狰狞的无边无际的使人没法逃得出来的丛莽，也使人非常害怕走进去。"

李比希清醒地认识到，要在混乱中找到秩序，要在众说纷纭的争论中发现并坚持真理，首先必须建立可靠而又迅速的分析方法。因为理论必须要由实验来鉴别，而当时对有机化合物的分析方法和手段显然是太落后了，要弄清有机化合物的结构和反应规律几乎是不可能的。因此，李比希的科研重点是，通过对大量有机化合物的分析建立一套新的科学的分析方法。

李比希首先着手解决有机化合物基本分析的一般性困难。他发现，用传统的燃烧方法分析得出的有关氮的结果是不可靠的。于是，他采用他和盖-吕萨克所提出的在真空中燃烧的方法来减小误差，并把同样的方法应用于其他有机酸的分析程序。李比希还发现，碳的分析也有特殊困难。因为含碳的生物碱的分子量很大。在确定碳的含量时，只要有1%的误差，就会导致错误的分子式。他想，溶液是不宜于分析分子量大的化合物的。为此，李比希作出了关键性的技术创新。他采用了一种新装置，使燃烧的气体通过装有氯化钙的管子来吸收水分，然后再用苛性钾完全吸收碳酸。这种新方法，可以分析的分子量十倍于原有的方法。此外，他还做了大量的改进，从而建立了一套简单得多也可靠得多的程序。这种分析程序很快成为化学界的标准程序。

终于，1830年，李比希在前人工作的基础上，把碳氢分析发展成为精确的定量分析技术。他和他的学生们用这种方法，分析了大量有机化合物，得到了精确的结果，进而给出了这些化合物的化学式。这就使得化合物的类别之间的关系逐渐清楚了。这些分析和有机化合物化学式的写出，为有机化学理论的形成打下了基础。

正是这样，李比希从分析方法入手，带领着他的学生们在有机化学的原始森林中开辟出一条路来。李比希沿着自己的路，辛勤地工作着，他一生分析过数不清的化合物，给出了一个又一个化学式和反应式。也许，其中最值得一提的是他和维勒合作完成的一项工作。

1829年底，李比希在海德堡大学施皮斯博士家，结识了维勒。两人一见如故，终身保持着深厚的友谊。维勒的老师是大名鼎鼎的贝采利乌斯。维勒在和李比希见面以前，早就在雷酸和氰酸有关问题上与李比希展开过学术争论。和李比希热烈好斗的性格形成鲜明对照的是，维勒生性冷静，不喜争执，常常清醒地看到事物可笑的一面。那时，李比希在吉森，维勒在柏林。两人结识后，立即开始了频繁的学术通信合作。相距遥远这件事使两个科学家深感遗憾。

1831年，在李比希的帮助下，维勒调到距吉森只有100多千米的卡塞尔技术学校任教授。那一年，维勒的妻子故去，李比希担心朋友过于悲伤而损害健康，于是邀请维勒和他一起研究苦杏仁油。两个朋友合作得那么好，在一个月的时间里就完成了一项划时代的研究。1832年，论文以"关于苯甲酰基的研究"为题发表。这项研究表明，苦杏仁油可以转变成一系列含有苯甲酰基的化合物。这一重大发现振奋了整个化学界。贝采利乌斯为这一工作欢呼，把它说成是"植物化学的新纪元"。

尽管李比希和维勒的工作地点在此后均有变动,但他们的友谊与合作是持久不变的。后来维勒曾这样描写他们的关系:"我可以打个比喻,如果以我俩的名义发表的某些小文章是我们中的一个人完成的话,那么,这同时也是赠给另一个人的绝妙的小礼物。我想,这就可以使你了解我俩之间的相互关系了。"

作为19世纪杰出的化学家,李比希除完成了数量多得惊人的实验研究外,还是个头脑清晰的理论家,在理论研究上同样出色。

当时,有机化学理论正酝酿着一场革命。化学权威贝采利乌斯把他在无机化学中总结出的电化学二元论推广到有机化学中。他还认为,由于某种神秘的"活力"参与了化合物的生成,才会存在有机界,因此不可能在实验室里人工制备有机化合物。1828年,维勒发表了《论尿素的人工合成》。这一重大发现突破了无机化学和有机化学之间的绝对界限,动摇了"活力论"。1834年,法国著名化学家杜马和洛朗在比较系统地研究了卤代反应后,初步提出了取代学说。这一新学说直接威胁着贝采利乌斯的电化学二元论。贝采利乌斯感到了这种威胁,他在给维勒的信中,愤愤不平地说:"(杜马)这种主张必定导致目前这样的化学的整个建筑物垮台,而这个革命却是基于用氯分解醋酸!"

李比希在这场有机化学理论变革中,始终采取积极进取的态度,并做出了杰出贡献。李比希认为,大量实验事实表明,在有机取代反应中,氯原子是可以取代氢原子的。他表明了鲜明的态度:"我不赞成贝采利乌斯的意见,因为它们建立在一大堆没有任何证明的空洞假设的基础上。"

1837年10月23日，李比希与杜马联名向法国科学院提呈了一份研究纲领论文。论文断言：无论是无机化学还是有机化学中，化合的规律和反应的规律在两个化学分支中都是完全一样的。这个宣言为人工合成有机化合物清扫了思想障碍。从此，李比希和杜马在有机化学界代替贝采利乌斯成为新的科学思想的领袖。

1838年，李比希在大量研究的基础上提出了有机化学中基团的明确定义：基团是一系列化合物中不变化的组成部分；基团可以被其他简单物取代；基团与某种简单物结合后，此简单物可被当量的其他简单物代替。李比希对有机化学中基团的科学定义，是他对有机化学理论基础的卓越贡献。这一理论推广了格雷姆一些关于有机酸的研究，并使戴维和杜隆的"酸的氢理论"再度兴起。这些理论研究是有机化学理论趋于形成的过渡状态。

同年，李比希在他一篇冗长而又重要的关于有机酸的论文中，对贝采利乌斯的学说再次发起了进攻。文章的结束语是"在黑暗中我们寻找通向光明的路"。李比希的研究工作对结构有机化学的理论做出了积极贡献，但这种严酷的批评也引起了贝采利乌斯与李比希之间的不睦。

的确，当时化学家们之间的争论是如此激烈，这使得后人在阅读19世纪化学文献时感到十分惊讶。论文中大动肝火的相互攻击是常见的。如那位和杜马合作的法国著名化学家洛朗，是一位在理论上热衷于分类的精巧的实验家和尖刻的批评家。当贝采利乌斯谴责他们的取代理论时，杜马把责任推到洛朗身上。洛朗就针锋相对地对杜马说:"如果理论垮了,我就成了它的倡导者;如果理论成功了,它就成为别人提出的理论。"1853年,洛朗因贫困死于肺病时,还怀着激烈的情绪说:"我是一个骗子,我是一个强盗的老搭档……这一切咒骂只不过是因为把一个氯原子放在一个氢原子的位置上,因为单单地改正了一个化学式。"这种在有机化学初创的混乱时期,科学家们为化学式和自己的理论而激烈争吵的情况,是非常普遍的。

性情急躁的李比希也毫不例外。他常常利用自己的刊物主动发起向他人的进攻。由于他有时错误评判了别人在刊物上发表的文章,又遭到不少人的联合反对。对在1837年与他联合反对贝采利乌斯的杜马,他也毫不客气。1840年,他和维勒用 S. C. H. Windler(即"骗子")作为署名,在他的年鉴上发表一封讽刺信,嘲笑杜马过分推广取代理论。这样,李比希常常因此和友人暂时闹翻。这一切,并没有使他感到任何不安。因为对李比希来说,他是本着对真理的追求才这么做的。不论是在同他人激烈论争时,还是在同友人亲密合作时,李比希无不显示出他光明磊落的品格和对真理与科学、对友谊与人生无比忠诚的品质。不过,李比希、杜马和贝采利乌斯三人都始终认为,不同学术观点的争论是有益于科学成长的。

李比希一生分析过大量有机化合物。1829年他就从马尿中提取了马尿酸。关于他卓越的实验技巧和记住化合物特征的杰出才能,流传着一些传奇般的故事。据说,有一天李比希收到维勒寄给他的尿囊素结晶体,他马上想到几年前他分析过这种化合物。助手们都表示怀疑,因为这看来几乎是不可思议的事。样品和数百种白色粉末状化合物从表面上来看区别太小了。在李比希的指点和督促下，助手们从贮藏室里找到了李比希所要的东西。经分析，它确实就是尿囊素，不过含有杂质罢了。

有时，李比希也错过了一些重要发现的机会。1826年，巴拉尔发表了发现元素溴的报告。李比希一看这个报告，马上想到这就是以前他用氯气通入矿泉水中得到的盐类所制得的物质。当时，他匆忙宣称这物质是氯化碘，并把它放到架子上以待研究。当他确知巴拉尔的发现而自己却错过了一次发现新元素的机会时，李比希气冲冲地说："巴拉尔没有发现溴，而是溴发现了巴拉尔！"

1845年，声望日益高涨的李比希被授予男爵称号。海德堡大学、维也纳大学等大学的化学家们纷纷邀请他去讲课，他都拒绝了。同论敌的争论，成了他沉重的负担。这时，他已经是有关农业化学问题争论中的焦点人物。这场19世纪著名的争论，是李比希本人发起的。

四、农业化学的革命

李比希从来没有忘记过童年时代就激励着他的目标：化学要为人类谋福利。他终生以极大的热忱从事将化学理论应用到化工、农业和其他领域中的研究，并把化学知识向其他学科渗透。

1840年，李比希发表了在农业科学史上重要的理论著作——《化学在农业和生理学上的应用》。这是他对有机化学与农业和生理学关系的系统研究的结晶。这本著作一经发行立即引起巨大的社会反响。到1846年，短短6年间这本书已印刷了6次。1862年，该书在发行第 7 版时，李比希把它增补成了两册，并写了一篇论述农业和矿物学发展史、农学和经济学关系的序言。这篇序言成为农业发展史上的重要思想文献。1865 年，该书第 8 版刊行。李比希去世后两年即 1875 年，该书又出了第 9 版。为什么化学家李比希的农业著作会受到社会上极大的关注呢？

可以说，近代农业化学革命就是从这本著作开始的。在此以前，农业虽然是人类最古老的生产技术，但科学界对农业却关心甚少。李比希的著作开始将化学知识系统地引进到古老的农业技术中，土壤的结构、肥料等从此成为科学研究的对象。从李比希开始，科学研究的成果就开始源源不断地引进到农业技术中，农业生产力迅速获得了提高。社会上对李比希著作的热烈反响，说明了古老的生产技术在 19 世纪也渴望着用科学来改变自己的落后面貌。

构成李比希农业化学理论的核心思想，是他提出的物质补偿法则。李比希认为，农业生产的一般目的是以最有利的方法来最大限度地生产特定作物的特定部分乃至器官，而农业的特殊目的就在于使植物的特定部分能够异常地生长发育，因而合理的农业就是保证为了能够达到这个目的，而给予作物所必需的物质。所谓"补偿"，就是以收获方式从土地夺取的植物营养物质，应该再给予完全的补充。

那么，农作物从土地中夺取的主要营养物质是什么呢？为此，李比希认真分析了多种植物燃烧后的灰烬。他的研究表明，除碳、氢、氧、氮元素外，植物生长还需要诸如钾、磷、硫、钙、铁、锰、硅等元素。在这些元素中，哪些是人们特别要注意给土壤补偿的呢？李比希对此也做了进一步的研究。他对植物养分有自己的一套分类方法。他特别强调了大气中的（有机的）植物养分与土壤中所含的矿物性植物养分的差别。在他看来，前者能够在自然界的循环过程中重新回到空气和土壤中，而后者——矿物性植物养分则只有人类有效地干预才能得到补充。这一思想，导致了李比希和他以后的农业化学家们特别热衷于寻找能用作肥料的矿物质。

这是人类自觉地用科学思想干预农业生产过程的光辉思想，它是农业化学、肥料学的理论基础。一旦科学光芒照进了古老的农业生产领域，人们立即明白了应该怎样去干预农业生产。化学肥料工业就这样迅速成为一个新兴的产业。

李比希还有一些非常值得注意的有关农业的思想。他认为，为了无条件地补充由于农业生产而被夺取的矿物质，应大力提倡利用人类粪尿、动物骸骨、草木灰、鸟粪石、磷灰石等。今天，当人们日益认识到生态平衡的重要性时，李比希当初的这些提议是非常难能可贵的。尤其是他在认真地研究植物营养和生长的基础上，反对那种牺牲后代利益的掠夺性耕作，否则人类将要受到惩罚。他援引了大量历史事例来阐明这一重要提议。

当然，如同任何新思想刚刚提出时那样，李比希的杰出的见解中也混杂着一些谬误。如他对氮肥和腐殖质的评价显然是过低了，这引起不少专家的激烈反对，以致人们把李比希和他的支持者称作"矿物质论者"，而把他们的反对派称作"氮素论者"。两派针锋相对。李比希大动肝火地参加了19世纪四五十年代的这场争论。有时，他显得很不冷静。但这并没有影响他基本的科学态度。

李比希关心着自己的科学研究对农业生产的实际效用。他亲自在吉森近郊的一块土地上做实验，考察无机盐的肥效。就是在他晚年迁居慕尼黑之后，李比希还不忘向邻近的农民普及科学知识，教他们如何合理使用土地。他把自己获得的生产钾肥的专利权卖给了一个英国化学家兼工厂主——他的学生马斯普拉特。这个学生是英国制碱工业的创始人。

李比希具有关心实际生产并能从生产过程中迅速找出问题的兴趣和能力。即使再忙，他也要抽空到工厂去转转。有一次他到了一家制备铁氰化钾的工厂。工厂里有一种被称为"尖叫锅"的生产装置。这个搅拌肉浆和苛性钾的铁搅拌器，发出震耳的噪声。厂主颇为得意地向李比希解释道："教授，您在这里看到的情况用任何理论也无法解释。当我的锅叫得最欢的时候，我就得到了最多的钾盐。"厂主把噪声和生产目的物联系在一起了。李比希微笑着建议，只要在锅内加一把铁屑而不必刻意追求锅的"尖叫"，就能达到同样的效果，而且也经济得多。后来这个厂主得到了惊人的经济效益，从此他对科学家及他们的建议就更加尊重了。

除此之外，李比希还对生理学、家畜饲养学等很感兴趣。他研究了生物碱，从动物身上提取的氨基酸和酰胺，以及肌酸和肌酸酐，对生理学的发展做出了不可磨灭的贡献。并且他从不拘泥于一个学科的知识，总是从化学学科出发向其他学科渗透。他在有机化学、农业化学、生理学以及农业宏观经济学等新兴学科里，都是伟大的拓荒者。他提出的许多新的假说，往往是有启发性的，但也通常有明显的缺陷。这使他常常卷入激烈的争论中。对于这点，他很达观，他风趣地说："如果他们揪住几根羽毛，那是我在下一个换毛季节里终究要抛弃的尾羽，对此我是不会在意的。"他还说："化学正在取得异常迅速的成就，而希望赶上它的化学家们则处于不断脱毛的状态。不适于飞翔的旧羽毛从翅膀上脱落下来，而代之以新生的羽毛，这样飞起来就更有力更轻快。"恩格斯对此非常欣赏，当他回忆自己在50岁后下决心进行数学和自然科学方面的系统学习时说："我尽可能使自己在数学和自然科学方面来一个彻底的——像李比希所说的——'脱毛'。"

李比希的一生，就是这样热情地不断开拓着新的研究领域，并始终注意把这些研究成果推广到实际生产中。他这种自始至终永不衰竭的热情和精力，主要来自他对祖国科学和工业振兴事业的神圣使命感，来自他对真理的执着追求。这种热情，就是在日常生活中也显得格外纯真动人。如1837年李比希访英归来，他一见到自己亲爱的朋友维勒，就激动地说："你想想看，亲爱的朋友，我乘的是火车，这就是文明！每小时行十英里（约16.1千米），用鸟飞的速度前进！我激动得像个小孩子一样，简直高兴得想跳起来！德国也应该建设铁路，而且越快越好。"由火车而想到文明的进步，由英国的火车想到德国也应该尽快修筑铁路，李比希统统感受到和想象到了，他怎能不激动呢？

1852年，李比希离开吉森大学前往慕尼黑大学任教。他只上课而不带学生实验，因为当时由于学术纷争，他患了严重的失眠。李比希到慕尼黑大学后，以他那丰富的化学知识和幽默风趣的讲授方式，得到了大学生们的热烈欢迎。环境的改变，使李比希恢复了健康。他又以充沛的精力投入写书撰文、编辑杂志中。1860年，他当选为巴伐利亚科学院院长。此外，他还是法国、英国、俄国、瑞典等国科学院的荣誉会员。

在慕尼黑，李比希还邂逅了大学时代的同学舍恩拜因。多年前，两人虽是同桌，却由于是不同的秘密社团的成员，身穿不同颜色的衣服而彼此仇视。现在，舍恩拜因也是一位以发现臭氧而著名的化学家了。李比希马上邀请他到慕尼黑大学讲课。此后，舍恩拜因常从他工作的瑞士到慕尼黑来，参加李比希和维勒举办的历时数日的郊游活动。

1870年，李比希得了一次重病。他做好了死亡的准备：立了一份新遗嘱，制作了一个精致的骨灰盒，分送了他贮存的烟。李比希太太也很喜欢这个骨灰盒，她甚至也为自己定制了一个。两个盒子放在化学贮藏室里。不久，李比希恢复了健康，又朝气蓬勃地工作和生活起来。

3年后，1873年4月，李比希患了严重的肺炎。这位年届70的伟大科学家在慕尼黑与世长辞了。

由于李比希的母亲是犹太人的私生女，在20世纪第二次世界大战前希特勒掀起的反犹浪潮中，漂亮的李比希纪念碑被人用硝酸银和高锰酸钾的混合物污染了。战后，为了不损坏纪念碑的石头，清除污斑就成为一个化学问题。专家们经过充分的讨论，终于用化学试剂洗涤了所有污垢的斑痕。化学家李比希决不会想象到20世纪在他的纪念碑上发生的这场"化学战"。

李比希是19世纪最伟大的化学家之一，又是卓越的科学活动组织家和教育家，同时也是农业化学和生理学的创始人。他对有机化学、农学和生理学的发展做出了不可磨灭的贡献。同时，在实现德国科学和工业赶超世界先进水平的历史转折关头，他是最活跃、最具有代表性的伟大科学家和事业家之一。正如1936年一位科学家在哈佛大学成立300周年的艺术与科学研讨会上所指出的那样："化学思想对生物学的影响是由于李比希的天才所致，它开创了现代有机化学的光辉历程。李比希的强烈愿望是要看到化学为动物生理及农业生产提供充分的服务，这种愿望也指导着他自己的努力。"

今天，李比希那些高瞻远瞩的科学远见都已变为现实。

（作者：乐　宁）

费歇尔

一代化学巨匠

埃米尔·费歇尔

(Emil Fischer,1852—1919)

埃米尔·费歇尔，19世纪的化学巨匠，他对糖、酶、嘌呤、氨基酸和蛋白质进行了广泛、深入的研究，为生物化学奠定了化学基础。1902年，埃米尔·费歇尔获诺贝尔化学奖，成为第一个获此殊荣的有机化学家。埃米尔·费歇尔也是卓越的科学组织家，曾数次任德国化学会的主席和副主席。他在著名的威廉皇帝科学促进学会的创建中，起到了重要的作用，因此被誉为"威廉皇帝科学促进学会之父"。

一、费歇尔的生平

1852年10月9日，埃米尔·费歇尔生于德国莱茵河畔的奥伊斯基兴。自17世纪末，这个家族一直居住在莱茵河畔。费歇尔的父亲虽没有受过多少教育，但是一位成功的企业家，年纪轻轻便发了家，成为当地的头面人物。母亲出身于莱茵地区一个著名的工业世家。

费歇尔童年时期很幸福，极受父母喜爱。他是家中唯一的男孩，上有5个姐姐。费歇尔5岁开始读书，先跟家庭教师学了3年，又到公立小学读了4年。1865年，他进入韦茨拉尔中学就读，两年后转到波恩中学。费歇尔聪明好学，1869年春，他以全班第一名的成绩毕业。

他的父亲老费歇尔，希望自己唯一的儿子学习经商，以便日后继承家业。然而，这位年轻人虽生在商人之家，却对经商一点儿也不感兴趣，他热爱自然科学和数学，尤其是物理学。为了不让父亲太伤心，他答应试学一段时间。然而，经过几个月的实习后，他对经商愈加厌恶。父亲叹息道："这孩子太笨，不是经商的料，还是继续读书吧。"父亲只好答应他接受大学教育的要求。老费歇尔当时开了一家印染厂，由于缺乏化学知识，吃过不少苦头。随着当地水泥、钢铁等新兴工业相继出现，老费歇尔对神奇的化学更加崇拜，因此，力劝费歇尔学习化学。费歇尔后来回忆道："父亲对我和堂弟奥托·费歇尔的职业选择起了决定性作用。"

1871年春，费歇尔进入波恩大学。著名有机化学家凯库勒任其化学教授，凯库勒高超的授课水平给他留下深刻印象。但波恩大学的化学实验教学水平低下，缺乏吸引力，仪器设备陈旧落后，致使费歇尔对化学失去了兴趣，准备改学物理学。然而，他的堂弟兼学友奥托·费歇尔劝他不要放弃化学。1872年秋，二人转学到古老的斯特拉斯堡大学。这所大学师资力量雄厚，设备精良，经费充裕。由著名的分析化学家罗泽讲授分析化学，费歇尔受到了严格的实验技能训练。最幸运的是，他遇上了良师益友拜耳。他为这位有机化学权威的才华和人格魅力所倾倒，这终于激起了他对化学的热爱。费歇尔受到拜耳的精心培养。拜耳对费歇尔的影响很大，费歇尔后来给他父亲讲过，他一生的成就主要应归功于这位恩师。

1874年，费歇尔在拜耳的指导下，完成论文《有色物质的荧光和苔黑素》，获得博士学位，成为该校有史以来最年轻的博士。毕业后，他留校任助教。不久，费歇尔发现苯肼，这种极为有用的化学物质后来成为费歇尔研究糖类的有力武器。1875年，拜耳受聘于慕尼黑大学，接替李比希的职位。费歇尔也到了慕尼黑。两人合作研究苯胺染料，证明品红染料是三苯甲烷的衍生物。在拜耳的举荐下，1878年费歇尔获慕尼黑大学编外讲师资格，次年任分析化学副教授。他讲的课深受学生欢迎，尽管起初他的莱茵口音使学生有些不适。费歇尔的父亲为儿子的成功感到骄傲，并赠予他一大笔钱，使他能专心于学术而不用为金钱发愁。

1880年，亚琛工业大学欲聘请费歇尔任化学教授。费歇尔断然拒绝，因为他嫌该校的学术气氛和实验条件欠佳。两年后，费歇尔任埃朗根大学教授，并开始了对嘌呤化学的研究。他在这一领域获得了极为丰硕的成果。

费歇尔卓越的科学才干，不仅使他在科学界崭露头角，而且受到工业界的极大关注。1883年，德国一家公司欲以每年10万马克的诱人高薪，聘请费歇尔任研究部主任。费歇尔觉得这个职位不利于他的自由研究，谢绝了该公司的重金礼聘。他在回绝信中写道："谢谢贵公司的美意，对我自身和研究来说，自由是极为宝贵的，我不愿用它来换取财富和权力。"但费歇尔并非象牙塔型科学家，他坚持与德国化学工业界保持密切联系。他与许多工业巨头建立了亲密的友谊。他的实验室不断培养和输送大批受德国工厂信赖的年轻化学家。他的许多研究成果都具有实用的工业价值，甚至有人说："从费歇尔的实验室里，随便拿出一个方案，就可开一座大工厂。"费歇尔一生对德国的化学工业产生了重大的影响。

在埃朗根大学从事教学和科研期间，由于实验楼通风不良，他遭受了苯肼中毒，不得不休养一年。其间，苏黎世联邦理工学院再三聘请他任化学教授，他婉言谢绝。他认为自己的健康状况不能胜任该校繁重的教学任务。

1885年，他接受维尔茨堡大学的聘请。维尔茨堡景色迷人，环境优美。学校当局翻修了旧的实验楼，安装了通风设施，并许诺修建新的实验大楼。在那里他开始了对糖类卓有成效的研究。1888年，曾经抱定独身观念的费歇尔，与美丽善良的阿格内斯·格拉赫喜结良缘。他们生有三子。长子赫尔曼·费歇尔继承父业，是著名的有机化学家。不幸的是，这桩美满的婚姻只持续了7年。1895年，费歇尔夫人因中耳炎并发脑炎去世。

1892年，霍夫曼逝世，柏林大学化学教授职位空缺。学校向柏林教育部提议凯库勒、拜耳和费歇尔为继任候选人。拜耳声言不会离开慕尼黑。而教育部认为，凯库勒年事已高，不适合这个位置，因此决定聘请费歇尔任柏林大学化学教授。但费歇尔留恋自己的工作环境，起初亦无意于离开维尔茨堡。柏林大学许诺为他修建新的化学实验大楼（维尔茨堡大学并没有兑现修建实验大楼的诺言）。他的父母、妻子也希望他接受德国最有声望的柏林大学的教授职位。最终他接受了聘请，这年他40岁。在柏林大学，费歇尔继续从事糖类和嘌呤的研究，并开始转向新的研究领域——蛋白质和酶化学，这项工作奠定了现代蛋白质和酶化学的基础。1902年，费歇尔因对糖类和嘌呤的合成研究获诺贝尔化学奖。

柏林大学的化学教授职务给费歇尔带来许多责任和义务。他曾数次任德国化学会主席和副主席之职。他是普鲁士科学院院士。日益繁重的教学任务，影响了他的研究工作，这促使他为创办富有活力、不受教学义务干扰的国立研究机构而积极奔走呼号。1911年，威廉皇帝科学促进学会成立。1912年，威廉皇帝化学研究所、威廉皇帝物理化学和电气化学研究所落成。费歇尔多年的梦想变成了现实。

费歇尔的研究领域是有机化学，但他决不轻视其他学科。他领导的柏林大学化学研究所从事的研究不仅限于有机化学，许多其他领域的化学家也毕业于该研究所，如著名的无机化学家、硼氢化学的先驱施托克。费歇尔最早认识到放射性的重要性，他在自己的研究所内为哈恩和迈特纳提供实验室。

1914年，第一次世界大战爆发。作为德国化学界的最高权威，费歇尔被政府任命为煤焦油产品生产委员会主席和氮肥增产委员会主席。他中断了大部分有机化学研究工作，积极参与解决战时的各种科学技术问题。例如，用氨合成硝酸和硝石以代替因海上封锁而中止进口的智利硝石，用二甲基二苯脲和二乙基二苯肼代替战时供应不足的炸药稳定剂樟脑，用气提法生产制备三硝基甲苯所必需的苯和甘油，用萘制取重油，从焦炉的焦油中提取短缺的苯酚和甲酚，利用石膏和硫镁矾矿代替中断进口的黄铁矿。战争后期，食品短缺越来越严重，费歇尔非常关心氮肥的生产问题，将麦秆、树叶、杂草转化为牛饲料的问题，谷物的生长发育和蔬菜的保鲜问题，等等。

随着战争的继续，德国的失败终成定局，费歇尔越来越悲观失望。战争给他带来了沉重的打击，不仅研究工作被迫停止，还失去了两个儿子。次子瓦尔特1916年因精神失常自杀身亡；三子军医阿尔弗雷德1917年在罗马尼亚前线死于斑疹伤寒。费歇尔自己的健康也每况愈下，多年与苯肼的接触，严重损害了他的身体，肺炎、消化不良、支气管炎、失眠、喉炎等病魔不断折磨着他。1918年，战争结束，研究工作逐步恢复。然而，他的身体愈来愈衰弱。1919年7月初，他被确诊为肠癌，手术和药物已无回天之力。费歇尔深知自己将不久于人世。1919年7月15日，一代科学伟人在柏林的寓所里服下氢氰酸自杀身亡。

为了纪念费歇尔，柏林大学在他工作了26年的化学研究所门前竖立了一座雕像。第二次世界大战中，雕像毁于战火。战后，经费歇尔的学生、马克斯·普朗克细胞生理学研究所所长瓦尔堡的努力，在细胞生理学研究所的花园里，又重新竖起了一尊费歇尔青铜铸像。然而，费歇尔的另一位高足克诺尔精辟地评论道："在他一生的工作中，费歇尔自己铸就了一座丰碑，它无疑将与地球文明共存。"

二、科学成就

1. 苯肼和苯胺染料

苯肼是鉴别和提纯醛、酮类化合物，尤其是糖类的优良试剂，也是合成染料、药物和其他有机中间体的重要原料。费歇尔偶然发现的苯肼，对他整个科学生涯具有重要影响。

1874年，费歇尔获博士学位后，留在斯特拉斯堡大学从事有机制备工作。他安排实习生用二氨基联苯通过重氮化反应，制备联苯酚，但得到的却是混合产物。费歇尔重复并核实了这位学生的实验。他和拜耳都无法解释这一意外的结果。他推测或许是由于氧化才导致实验失败。于是，他在反应物中加入还原剂亚硫酸钾，再次进行实验。然而，得到的是一种沉淀，依然不是预想的联苯酚。

费歇尔认为，沉淀的出现可能与溶液的pH值有关。于是，他用更简单的硝酸重氮苯代替二氨基联苯，用酸化的亚硫酸氢钾代替中性的亚硫酸钾，进行探索实验。他得到一种盐（即苯肼磺酸钾），用苯甲酰氯进行处理后转化成二苯甲酰基苯肼。然后将其在盐酸中水解，形成苯肼盐酸盐沉淀，沉淀与氢氧化钾作用，就得到了他人生中第一个重大发现——游离碱苯肼。

实际上，在费歇尔之前，1869年施米特和格卢茨、1871年施特雷克尔和罗默分别通过与费歇尔类似的反应，已经制备出苯肼的衍生物。遗憾的是，他们缺乏费歇尔那样敏锐的洞察力，对自己的发现毫无所知，因而与苯肼这一重要化合物的发现失之交臂。

1875年，费歇尔在他第一篇关于苯肼的论文中，给当时尚未知的母体化合物H_2NNH_2取名为"hydrazine"（肼）。12年后，库尔提乌斯制备出这一化合物，命名为"diamide"（联氨）。1875年秋，费歇尔随拜耳到慕尼黑大学，继续研究新发现的肼的衍生物。费歇尔弄清了苯肼的构造。在克诺尔的帮助下，他们用苯肼与乙酰醋酸乙酯作用，制得了第一种合成退热剂安替比林，这刺激了合成药物工业的发展。费歇尔将苯肼与酮和酮酸缩合，合成了吲哚。

1884年，费歇尔发现苯肼与醛、酮类化合物反应可以生成结晶状的固体化合物苯腙,苯腙有固定的熔点。随后,又发现苯肼与糖类发生反应能生成脎,生成的脎还能再与苯肼反应生成脎。脎和腙一样,是结晶状化合物,有固定熔点。因此,苯肼在糖类的鉴定中具有重要价值。后来,费歇尔还将苯肼用于确定糖类的构型。

染料也是费歇尔的早期研究课题。他的博士论文就是研究颜色化学和染料化学的。之后他将自己的兴趣扩展到了新的合成染料领域。1876 年春,费歇尔和堂弟奥托·费歇尔合作研究染料品红。这种染料是霍夫曼在 1862 年通过氧化甲苯胺和苯胺制备而成的。对其结构,众说纷纭。费歇尔兄弟通过合成与分解实验,证明品红是三苯甲烷的衍生物。著名的阴丹士林染料,也是他们共同的研究成果。

2. 嘌呤化学

1882 年,费歇尔开始对嘌呤进行研究,这一工作持续到 1914 年。嘌呤是生物学上重要的物质。黄嘌呤、次黄嘌呤、腺嘌呤、鸟嘌呤存在于动物细胞核中;可可碱、咖啡因、茶碱存在于某些植物体内。在 19 世纪 60 年代,拜耳对这些嘌呤类化合物做过一些研究,初步辨明了它们的关系。1875 年,维尔茨堡大学的化学家梅迪库斯还提出几种嘌呤化合物的结构式。但在这一领域里,尤以费歇尔的成就最为卓著,今天嘌呤化学的绝大部分知识,都应归功于他。到 1900 年,他系统研究了嘌呤类化合物,确定了它们的化学结构,合成了约 130 种衍生物。

费歇尔研究了嘌呤类化合物的反应和降解产物。1882 年,他大胆提出了尿酸、咖啡因、茶碱的结构式。之后,他陆续合成了茶碱、咖啡因和尿酸。但进一步的研究，使他发现原先提出的结构式有误，因为反应产物与其结构式不符。1897年，费歇尔提出了新的结构式。他认识到尿酸及其相关化合物是一种当时未知的简单母体杂环化合物的衍生物。他将这种杂环化合物命名为嘌呤。嘌呤分子上分别结合1、2、3个氧原子就是次黄嘌呤、黄嘌呤和尿酸。不久，费歇尔人工合成了次黄嘌呤、黄嘌呤、腺嘌呤和鸟嘌呤。1898年，他终于成功地将三氯嘌呤还原成母体化合物嘌呤。这些工作，涉及大量的制备实验和非常复杂的化学反应。他还将嘌呤的研究和糖化学的研究相结合，1914年制出茶碱、可可碱、腺嘌呤、鸟嘌呤和次黄嘌呤的糖苷。他首次从茶碱-D-糖苷合成了核苷酸茶碱-D-糖苷磷酸。

费歇尔的嘌呤化学研究成果，对德国药物工业产生了重要影响。嘌呤类化合物的实验室制法，很快成为工业生产咖啡因、茶碱、可可碱的基础。1903年，他合成了有效的安眠药5,5-二乙基巴比妥酸，商品名巴比妥。1912年，他制备出另一种具有商业价值的嘌呤化合物5-乙基-5-苯基巴比妥酸，俗称苯巴比妥或鲁米那。

3. 糖化学

费歇尔在糖化学这一领域的研究中，做出了卓越的贡献，极大地推动了有机化学的发展。1884年，费歇尔开始研究糖类。当时所知的单糖只有4种——两种己醛糖（葡萄糖、半乳糖）、两种己酮糖（果糖、山梨糖），它们具有相同的分子式 $C_6H_{12}O_6$；双糖有蔗糖、乳糖和麦芽糖3种。慕尼黑大学的化学家基连尼初步探明葡萄糖和半乳糖是直链的五羟基醛，果糖和山梨糖是直链的五羟基酮。费歇尔经过10余年的艰苦探索，阐明了糖类的复杂结构和化学性质，完成了50多种天然糖的合成，并确定了许多糖分子的构型。

1887年，费歇尔开始尝试人工合成糖类。他设想用甘油醛作为构造糖分子中碳链的起始物质。他用2-溴丙烯醛与氢氧化钡反应制取甘油醛。然而，他没有制得甘油醛，得到的是一种糖浆，他取名为阿柯糖。他用苯肼与阿柯糖反应，生成两种不同的脎，又从中分离出两种糖。费歇尔证明这两种糖是果糖和山梨糖，这是他首次合成天然存在的糖类。

1885年，基连尼提出一种增长糖分子的碳链的方法，即把氰化氢加到羰基上，然后再进行水解和还原。费歇尔利用这种方法，将戊糖转变为己糖，再将己糖转变为庚糖，合成了含有7个碳原子的糖分子。

费歇尔将醛糖与苯肼反应，先生成腙，然后生成脎。脎在盐酸中水解，生成脎，将脎还原，就实现了由醛糖向酮糖的转化。

费歇尔发现，葡萄糖、果糖和甘露糖与苯肼生成相同的脎，因此推断，这三种糖在第二个碳原子以下具有相同的构型。

根据范托夫和勒贝尔的立体异构理论，费歇尔推断，己醛糖有16种可能的构型。用氧化、还原、降解、加成等方法，到1891年，他确定了D型己醛糖的所有构型。这些醛糖是从D-甘油醛衍生出来的。这16种异构体中，不少是由费歇尔通过人工方法合成的。

1893年，费歇尔通过羰基与醇的反应，制备出α-甲基葡萄糖苷和β-甲基葡萄糖苷，这是首次合成的糖苷。他设想，这两种糖苷具有环状结构。可惜，他没有将这种环状结构推广到单糖，尽管托伦斯在 1883 年曾提出过葡萄糖和果糖上有环状结构的设想。

费歇尔认为，双糖具有类似的环状结构，是由两个己糖通过一个氧链连接起来的。乳糖是葡萄糖-β-半乳糖苷，麦芽糖是葡萄糖-α-葡萄糖苷。这样，多糖就是糖本身的糖苷。他认为，葡萄糖苷的合成很重要，因为由此可以探索合成多糖的方法。

费歇尔还研究了酶的性质，因为酶对糖的发酵有重要影响。他奠定了酶化学的基础。1894 年，他实验了酵母对各种糖的作用，注意到酶的专一性。例如，麦芽糖酶能水解 α-甲基葡萄糖苷，但不能使 β-甲基葡萄糖苷水解，而苦杏仁酶能使 β-甲基葡萄糖苷水解，却不能使 α-甲基葡萄糖苷水解。他认识到，对组成相同但具有不同立体构型的糖来说，一种酶只对某一特定构型的糖具有活性。因此，他得出这样的结论：酶是一种不对称试剂，只对具有特定立体构型的分子起作用。他把酶的专一性形象地比喻为"钥匙"和"锁"的关系，专用的"钥匙"才能打开与之配套的"锁"。这个著名的观点，今天仍普遍地应用于酶化学中。

作为对糖类工作的延伸，费歇尔从 1908 年开始研究糖的没食子酸衍生物单宁。1912 年，他证明，单宁不是葡萄糖苷，而是酯，并合成了具有单宁性质的五双棓酰葡萄糖。1918 年，他确定五倍子单宁的组成为五（间双棓酰）葡萄糖，还合成了七（三苯甲酰棓酰）-对-碘代苯基麦芽糖腙，这种麦芽糖衍生物的相对分子质量为 4021，远远高于当时合成的任何分子。

4. 蛋白质化学

1899 年，费歇尔转向蛋白质的研究，希望能揭示出蛋白质的化学本质。1901年，费歇尔创造了一种分离氨基酸的新方法，即从蛋白质水解得到氨基酸，他先制取氨基酸的酯，然后通过减压分级蒸馏分离氨基酸的混合物。他用这种方法研究各种蛋白质的组成，发现了缬氨酸、脯氨酸和羟基脯氨酸。他制出了几种氨基酸的酯，然后将两分子的氨基酸酯缩合成二肽。

他设想，肽键在多肽分子的长链中不断重复。于是，设计出合成多肽的方法，即先用一种含卤素的化合物与氨基酸中的氨基反应，形成肽桥。如：

$CH_2ClCOCl+NH_2CH(CH_3)COOH \longrightarrow CH_2ClCONHCH(CH_3)COOH+HCl$

然后用另一种氨基酸中的氨基与有机产物中的卤素反应，可以把另一种氨基酸连接上去。这样，他将甘氨酰、亮氨酰和其他基团引入肽中。1907年，他合成了含18个氨基酸的多肽，它由15个甘氨酰和3个亮氨酰组成，相对分子质量为1213，它具有和天然蛋白质相似的化学性质。费歇尔推断，该化合物可能有816种异构体，并认为"它可能是人类迄今为止，能够合成的最复杂的化合物"。这项成果一时轰动整个科学界。

费歇尔清楚地认识到蛋白质的复杂性。蛋白质，甚至最简单的肽，也有多种异构体，而确定蛋白质的结构又非常困难。到1905年，他区分出29种多肽，并用各种酶去实验它们的性质。1916年，他对合成100多种多肽的工作进行了总结，认为这仅仅是天然蛋白质中可能结合状态中的极小部分，而他的研究也仅仅是个开端。

三、费歇尔与威廉皇帝科学促进学会的创立

今天有 80 多个研究所的德国马克斯·普朗克科学促进学会,是世界上最大的、最有声誉的、由政府开办的最成功的科研机构之一。其前身是 1911 年创办的威廉皇帝科学促进学会。费歇尔在威廉皇帝科学促进学会及其研究所的创立和发展中,起了重要的作用,他甚至被许多人看成是"威廉皇帝科学促进学会之父"。

1905 年 9 月,费歇尔为了创办一个不受教学任务干扰、能专心致志地从事基础研究的国立化学研究机构,联合著名的化学家奥斯特瓦尔德(1909 年诺贝尔化学奖得主)和能斯特(1920 年诺贝尔化学奖得主)起草了"关于创办帝国化学研究所的计划草案",散发给德国许多著名的科学家和技术家。1906 年 1 月,德国化学会批准了这个计划。6 月,费歇尔将计划提交给德国工商促进会以寻求资助,并进行了几次答辩。他明确要建立一个"与应用化学密切相关的,从事基础研究的帝国化学研究所",并建议由政府、科学界和工业界的代表组成一个评议委员会。

费歇尔认为,帝国化学研究所的任务包括解决化学重大疑难问题、精确测定化学常数(如原子量)、发布工业上争议问题的权威观点、检验化学制剂和仪器。1908 年 3 月,帝国化学研究促进会成立,费歇尔任主席,恩斯特·奥托·贝克曼任计划中的帝国化学研究所的所长。然而,创办帝国化学研究所的计划最终流产,因为皇帝威廉二世不愿在财政上给予支持,并拒绝对这个机构的监督和管理进行负责。

由于大学实验室得不到政府足够的资金支持，而工业实验室又太注重于应用研究，无暇从事基础研究，德国普鲁士文化部顾问阿尔特霍夫在1896年就设想在柏林市郊达勒姆创建一系列普鲁士州立基础研究所。他称这个计划是建造"一个德国的牛津"。1906年3月，他让包括费歇尔、能斯特、哈纳克在内的7位柏林大学的著名教授直接给皇帝威廉二世写信，要求支持这一计划。费歇尔得知皇帝不愿从财政上支持创建帝国化学研究所时，就试图将他和奥斯特瓦尔德、能斯特的计划融入阿尔特霍夫的计划中。1908年，阿尔特霍夫去世。1909年11月，柏林皇家图书馆馆长、神学家哈纳克接受费歇尔的意见，上书皇帝吁请建立独立于大学之外的国家研究机构——威廉皇帝科学促进学会。他在信中指出，德国在基础研究所的建立方面，已远远落后于其他国家，他列举了其他国家新建的研究所，如瑞典的诺贝尔研究所，美国的卡内基研究所、洛克菲勒研究所，英国的皇家学会，丹麦的卡尔斯堡研究所，法国的巴斯德研究所等。他写道："根据这一计划，我们以威廉皇帝科学促进学会为中心，极需要建立研究所，不是一个，而是许多个。……今天，科学已经发展到这样的地步：单独一个州已无力再为它提供必需的财力和物力支持了。政府、有钱的富人与痴迷于科学的个人之间的合作应该加强，只有这样，未来科学研究在物质方面才能得到有效的保障。"

由于担心其他国家在科学方面超过德国，威廉二世于1910年5月同意成立威廉皇帝科学促进学会，并在达勒姆划拨50公顷土地（阿尔特霍夫原先要求土地面积的一半）用于修建研究所。

1911年1月11日,威廉皇帝科学促进学会正式宣告成立。哈纳克任学会首任主席,费歇尔被选为评议会成员、学会副主席、董事会董事长。这个学会的目的是创办和资助自然科学研究所,促进科学的发展。1911年7月,费歇尔领导的帝国化学研究促进会并入威廉皇帝科学促进学会,并提供90万马克的资金用于修建化学研究所。在他的遗嘱中,费歇尔将他从自己发明的两种合成药物"萨尤丁"和"沙波明"的销售中分得的75万马克红利,悉数捐赠给了威廉皇帝科学促进学会。

1912年10月23日,威廉皇帝化学会最早的两个研究所——威廉皇帝化学研究所、威廉皇帝物理化学和电气化学研究所落成。德皇威廉二世和科学界、工业界及政界的名流显要参加了庆典。费歇尔多年的梦想实现了。他首先向皇帝致辞:"新建筑披着节日的盛装,我们庆祝在陛下您的庇护下这两个新研究所的诞生。我们坚信,从这里会不断产生出大批才华卓著的年轻人,他们将以杰出的发现和有价值的发明报效国家、为研究所增光。"虽然历经两次世界大战的干扰和后来德国被分割,但是费歇尔的预言还是在很大程度上实现了。

威廉皇帝化学研究所的首任所长是恩斯特·奥托·贝克曼。该研究所分为3个独立的研究部:(1)无机和物理化学研究部;(2)有机化学研究部;(3)放射性化学研究部。费歇尔自开始直到去世,一直任该研究所执行委员会主席。1935年,哈恩和迈特纳在这里从事中子辐照铀和钍的研究,1938年末核裂变的重大发现宣告了原子时代的到来。1959年,该研究所改称哈恩研究所。

威廉皇帝物理化学和电气化学研究所的第一任所长是哈伯。自1953年，该研究所更名为哈伯研究所。第一次世界大战中，该研究所成了化学武器的研究与开发中心，由化学家、药物学家、医生、物理学家、技术专家和政府官员共同进行研究。例如，芥子气的发现者之一施泰因科普夫和研究化学武器对人体影响的弗卢里就在这里工作。因对毒气的研制受到广泛指责的哈伯，于1916年建议创立威廉皇帝军事技术科学基金会，以更进一步加强军事和科学之间的联系。第一次世界大战后，哈伯花了很大的精力试图从海水中提取黄金以帮助德国偿还战争赔款，但没有成功。

很久以来煤一直是德国最有价值的自然资源之一。早在1911年1月，费歇尔就提出要创建威廉皇帝煤炭研究所。1913年，该研究所在米尔海姆正式成立，由费歇尔的学生弗朗茨·费歇尔任所长。用埃米尔·费歇尔的话来说，该研究所的目标是提升煤本身的价值。他还认为，该研究所与工业界的密切合作，不仅必要，而且非常迫切。这个研究所并不局限于煤炭的研究，实际上涉及与燃料有关的所有问题。在煤炭研究所里，立了这样一块纪念碑，上面铭刻着："埃米尔·费歇尔（1852—1919），先知地认识到煤中的巨大希望。他是煤炭研究所的精神之父。"

1918年10月，在布雷斯劳又成立了威廉皇帝西里西亚煤炭研究所，其任务是研究煤及其蒸馏产物的化学，改进现有的纯化煤的方法，寻找从煤中提取有价值原料的新方法。费歇尔还规划和创建了许多其他研究所，如钢铁研究所、生物学研究所、细胞生理学研究所（由费歇尔的弟子瓦尔堡任首任所长）、实验疗法研究所、金属研究所和制革研究所等。1920年6月,费歇尔去世不满一年,成立了埃米尔·费歇尔化学研究促进会,以支持威廉皇帝科学促进学会的化学研究。

第二次世界大战以后,威廉皇帝科学促进学会被重建为马克斯·普朗克科学促进学会,首任主席是威廉皇帝科学促进学会的最后一任主席哈恩。马克斯·普朗克科学促进学会是德国大学之外最大的学术机构,在促进基础科学研究方面做出了卓越的贡献。

(作者:张清建)

维尔纳
配位化学的"建筑师"

阿尔弗雷德·维尔纳
(Alfred Werner, 1866—1919)

阿尔弗雷德·维尔纳总是与配位化学密切联系在一起。他是配位化学无可争辩的奠基人。他的名字，几乎成了这一学科的代名词。直至今日，配合物尤其是金属的氨配合物，仍被称为维尔纳配合物，配位理论被通称为维尔纳理论。

1893年，任编外讲师的维尔纳提出了革命性的配位理论。当时，他所依据的实验事实极其有限。在此后20多年里，他致力于实验证据的积累，以证明这一理论的有效性。他第一个证明立体化学是一种普遍现象，不仅限于含碳化合物中。他发表的大量理论和实验论文，今天仍是配位化学研究的基础和指南。可以毫不夸张地说，配位理论对无机化学的影响，完全可以与凯库勒、库珀、范托夫的结构学说对有机化学的影响相提并论。

1913年，维尔纳荣获诺贝尔化学奖，成为第一个获此殊荣的瑞士化学家。尽管他是因为对配位化学的卓越贡献而获得这一桂冠的，但他的理论的意义和应用已远远超出了无机化学，对有机化学、分析化学、物理化学、矿物学、结晶学、生物学、空间科学等领域都具有不可估量的价值。今天，结构化学在理论和实践上的重要性已毋庸置疑，这一领域的基础主要是维尔纳奠定的。因此，他被誉为"无机化学中的凯库勒""配位化学的'建筑师'"。

一、生平

维尔纳 1866 年 12 月 12 日生于法国阿尔萨斯的米卢斯。父亲是一位锁匠。1871 年，普法战争后，阿尔萨斯被割让给德意志帝国。有 5 万多阿尔萨斯人不愿屈服于德国的统治，移居法国。维尔纳全家仍留在世代居住的米卢斯。德国宰相俾斯麦颁布了不得人心的法令：德语为官方语言。但在家里，维尔纳全家仍坚持讲法语，感情上始终向着祖国。尽管维尔纳很崇拜德国的科学，他的论文也多发表在德国刊物上，但在政治和文化上，法国情怀自小已扎根于他心中。

6 岁那年，维尔纳被送进当地的天主教会办的一所小学读书。他极端自信、不盲从任何权威的独特个性，在小学已明显地显露出来。他的成绩并不优异，喜欢逃学，为此没有少挨父亲的板子。每次挨打之前，他总是瞒过父亲和兄弟们的眼睛，在裤子里藏些硬纸片。不过，维尔纳确实聪明过人。一次，根据考试成绩，他被罚坐教室的最末座位上。老师对他说："你如果愿意，只要稍微用功，一定可以被安排在前面第一个座位的。"

1878 年，维尔纳小学毕业，进入中等技术学校就读。他像变了一个人一样，学习非常勤奋，尤其对化学产生了强烈的兴趣。他在自家屋后的简陋库房内建了一个化学实验室，开始做一些化学实验。像凯库勒早年一样，维尔纳对建筑艺术也开始产生兴趣。

18 岁那年，维尔纳写出了他一生中的第一篇论文，并送请内尔廷教授审阅。维尔纳后来回忆道："没有自己的实验数据，只是简单地将有关尿素化合物的研究资料编辑起来，凭着年轻人的大胆和热情，我竟自信这篇论文会改变整个有机化学界。我把论文送给了内尔廷教授，他告诉我8天后回话。8天后，我满怀希望到了他那里。尽管他对我的论文赞赏有加，但毫不隐讳地告诉我，这篇论文还不足以使有机化学发生革命性的变化，我还必须学习更多的东西。对这种评价，我已经很满足了。我又立即问他，还要多长时间我才能成为一名化学教授。他微笑着说，要有耐心，潜心钻研，需七八年吧。"内尔廷教授在论文上批道："似乎谦虚一点更好。"8年后，维尔纳接替梅茨任苏黎世大学化学副教授，内尔廷教授的预言果然应验。

1885年10月，维尔纳到卡尔斯鲁厄服了一年义务兵役。这给他的心灵带来了伤害，因为他仇视德国占领者。然而，能稍减他伤痛的是，他驻扎的卡尔斯鲁厄风光秀丽、景色迷人，又因1860年第一次国际化学会议在此召开而闻名于世。他常到卡尔斯鲁厄工业学院旁听有机化学。1886年10月，维尔纳退役，他来到瑞士最大的城市苏黎世，在这里度过了他的后半生。而故乡米卢斯，仍是他心中的至爱。1965年，米卢斯市政当局决定，将临近化学学院的一条街以他的名字命名，以示纪念。

通过考试，维尔纳进入了著名的苏黎世联邦理工学院就读。入学考试中，他的化学成绩优异（获满分6分），而数学不及格（仅得2分）。3年的学习期间，他的数学成绩仍然欠佳，某次高等数学考试只得了2分。由于他在数学上的明显差距，维尔纳一生的贡献本质上具有定性的特征，甚至与苗拉提合作的著名的电导研究实际上也只具有半定量的性质。

1889年，维尔纳毕业，获工业化学毕业文凭。他留校在隆格的化学实验室任无薪助教，同时在汉奇教授的指导下，开始博士论文的研究工作。汉奇是杰出的有机化学家，但他最大的成就或许是发现了维尔纳。维尔纳是他最出色的学生，也是他终生信赖的挚友。维尔纳认为，汉奇对他早期的研究具有重要的影响。1904年，维尔纳出版的第一部著作《立体化学教程》，便献给了他的这位恩师。

1890—1893年，维尔纳完成了3篇重要的论文，他的学生和助手胡贝尔称之为"三部曲"。"第一部曲"是他的博士论文《含氮化合物分子中原子的空间排列》，1890年在《德国化学会会志》上与汉奇联名发表。这也是维尔纳发表的第一篇论文。维尔纳将范托夫和勒贝尔的碳原子四面体概念扩展到氮原子，解释了三价氮原子的衍生物的几何异构现象，奠定了含氮化合物的立体化学基础，成为立体化学的重要里程碑。

1890年10月，维尔纳获博士学位。为了取得在大学授课的资格，1891年，他向苏黎世联邦理工学院提交了《论亲和力和化合价理论》的任职资格论文，这是维尔纳在立体化学领域的"第二部曲"。这位初出茅庐的年轻博士，开始向结构理论的创始人凯库勒挑战，试图用变价概念取代凯库勒的恒价学说。这篇论文发表在不知名的、发行量很少的刊物上，没有引起人们的注意。

1891年冬，经隆格教授的推荐，维尔纳赴巴黎的法兰西学院跟随著名的物理化学家贝特洛做了一个学期的热化学研究，但这对他后来的工作没有大的影响。1892年春，他回苏黎世联邦理工学院任助教。

维尔纳在苏黎世联邦理工学院任职的时间很短。1893年8月,维尔纳被苏黎世大学聘为有机化学副教授,开始了他在苏黎世大学长达四分之一世纪的卓越的科学研究生涯。被聘的主要原因,是这年3月他在德国《无机化学学报》上发表了一生中最重要的论文,著名的"第三部曲"《论无机化合物的构造》,提出了具有划时代意义的配位理论的基本假设。论文一经发表,立即引起化学界的极大兴趣和广泛批评。维尔纳几乎在一夜之间出了名。

维尔纳卓越的才能受到欧洲著名化学家费歇尔、拜耳的赞赏。欧洲一所著名大学欲聘请他任教授,被他婉言拒绝。瑞士科学界认为,副教授的头衔与维尔纳的才干和日益增长的声望已极不相称。1895年6月,任副教授不满2年的维尔纳被苏黎世大学提升为教授。1897年,他谢绝了伯尔尼大学的聘请,苏黎世大学决定给他加薪并许诺改善实验室设施。1900年维也纳大学、1903年巴塞尔大学、1905年苏黎世联邦理工学院、1910年维尔茨堡大学先后重金礼聘维尔纳任教授,均遭拒绝。苏黎世大学多次加薪,予以嘉奖。同时,他获得了欧洲和美国许多著名大学的荣誉博士学位及学术团体授予的荣誉称号。

1894年10月,维尔纳与一位苏黎世姑娘结婚,同时加入瑞士国籍,放弃德国国籍,以示对德国的仇恨。维尔纳的夫人性格文静,甚至有些孤僻,与开朗活泼、精力充沛、性格外向的维尔纳形成鲜明对照。婚后,她将主要精力倾注在家务和孩子身上。青年时代的维尔纳,对科学的痴迷远甚于对家的眷恋。他是一个为科学而生的人，睡眠时间很短，晚上多在实验室做研究。他喜欢抽空与朋友娱乐，如下棋、打台球、滚木球和玩纸牌。

维尔纳在苏黎世大学讲授多年有机化学，1902年冬才开始主要讲授无机化学。他一生发表论文170余篇，其中有机化学方面的论文45篇，涉及肟、菲、羟胺、偶氮染料等。他对瓦尔登翻转的研究和解释，至今仍有重要价值。在苏黎世大学的前6年，他兼顾有机化学和无机化学两个领域，发表的有机化学论文数量超过无机化学论文。到1899年，他在配位化学研究方面获得显赫的名声，才将重点转向无机化学。

19世纪后期，有机化学正处在欣欣向荣、飞速发展的阶段，其辉煌成就使其他学科黯然失色。无机化学一派萧条，只有穆瓦桑、拉姆齐等少数化学家在这一领域耕耘。1897年11月25日，维尔纳给汉奇的信中写道："我几次险些完全回到有机化学领域，我可能会以较少的工作业绩，获得更多的肯定和承认。我迫使自己回到无机化学领域，但或许我过高地估计了其研究的重要性。"1899年7月12日，维尔纳写信给汉奇："无机化学提出了许多亟待解决的问题，它们使我入迷。我决定沿着无机化学的方向走下去，希望获得比有机化学更多的成果。"此后，他完全将自己看成一位无机化学家，以极大的热情，竭尽全力推动无机化学的发展。

从1893年起的14年中，维尔纳是在通风不良、阴暗潮湿的地下室进行研究工作的。他的学生戏称这个实验室为"地下墓窟"。恶劣的条件丝毫不减他的探索热情。他一生的大部分实验是在"地下墓窟"中完成的。他以特有的不屈的耐性，年复一年，一次又一次向苏黎世市政当局吁请改善实验室条件。1905年2月，市政当局终于同意拨款140万瑞士法郎兴建新的实验楼。1909年1月，新楼落成。维尔纳在新实验室完成了旋光异构配合物的合成、拆分和测定，使配位理论得到充分的验证而为举世所公认。

维尔纳是苏黎世大学最受崇敬的教授和学者。其他学科的学生，甚至一些法律系和神学系的学生，也来听他的演讲，被他的人格魅力所吸引。许多医科学生转攻化学。宽敞的新实验室不久又显得拥挤不堪。1913年冬季学期，渴望听他的无机化学课程的300多名学生，挤进只能容纳约200人的礼堂，可谓盛况空前。

维尔纳知名的国际声誉，吸引了法、德、英、美、荷、俄、日、匈、奥等国的青年。他培养博士研究生200余名。他承认，他的许多研究工作，若没有学生的全力参与是不可能完成的。

维尔纳不仅是出色的理论家，也是卓越的实验大师。今天在苏黎世大学化学研究所的一间小屋里，陈列着维尔纳和他的学生在四分之一个世纪中研究和合成的数千种配合物。维尔纳说过："我的确是在废寝忘食地工作。但化学研究对我来说是非常愉快的事情，特别是用实验证实一个新结论时。实验室的工作是我最大的快乐。"他具有超乎常人的敏锐直觉和预见性。一旦某个学生被维尔纳接纳为博士生，该生肯定会非常顺利地拿到博士学位，因为做维尔纳指定的题目通常不会走弯路。维尔纳的研究几乎遍及配位化学的各个方面，其贡献是如此之巨大和广泛，以致多年来许多化学家认为，在这一领域几乎不再可能做出什么发现了。

1913年，维尔纳获诺贝尔化学奖，成为第一个获此殊荣的瑞士化学家。他坦言:"我知道会有这一天的,但没有想到就在今年。"

维尔纳是罕见的工作狂。长期过度的劳累,严重损害了他的健康。1899年5月,他在给好友苗拉提的一封信中写道:"上年冬季学期末,我已经觉得太累了。也难怪,实验室总是挤满学生,工作负担不断加重,繁务缠身,又发表12篇论文。总之,我太需要一个较长的休假。"这年冬天,维尔纳患上了严重的肺炎。不久,又患上了百日咳和严重的神经性头痛。医生劝他减轻工作压力,但他不听劝告。在获诺贝尔化学奖不久,他被诊断为患有脑动脉硬化症。1915—1916年,由于健康状况不佳,他的无机化学课程只好由助手讲授。

1917年冬季学期,维尔纳倔强地重新登台授课并担任化学研究所的领导职务,以致病情加重,脑力衰退,甚至记不起博士生的名字。他说话开始变得困难,只得通过助手复述完成讲课。亲友和同事深为痛心和忧虑。1918年初,苏黎世大学当局收到几十名年轻大学生签名的请愿书:"对作为科学家和学者的维尔纳教授,我们非常敬重。但我们被迫提出抗议,强烈要求改变这种现状。"不久,由他的高足卡勒接替他的授课任务和化学研究所所长职务。

维尔纳仍在与病魔做顽强的抗争,决不放弃最终康复的信念。这一信念,一直坚持到1919年夏他病入膏肓、恢复无望为止。1919年10月15日,维尔纳正式退休。一个月后的11月15日,维尔纳在经受长期的身体和精神折磨后与世长辞。

二、配位理论的诞生

19世纪50年代,结构有机化学的创始人凯库勒根据他的恒价学说,将配合物特别是金属的氨配合物,看成分子化合物。设想分子化合物不如原子化合物稳定。但是,一些金属的氨配合物具有较强的耐热能力和抗化学试剂能力。例如,$CoCl_3 \cdot 6NH_3$加热至150℃也无NH_3放出,加入酸无铵盐生成,加入碱也不沉淀出$Co(OH)_3$。显然,恒价学说和分子化合物理论根本无法解释配合物的构造和性质。

1869年,瑞典化学家布洛姆斯特兰德提出氨配合物中NH_3分子能形成氨链结构的设想。这一设想后来又得到丹麦化学家约尔延森的充实和发展。这一设想对某些实验事实尚能以圆其说,但它无法解释$CoCl_3 \cdot 4NH_3$有紫色和绿色两种异构体存在的事实。此外,这一设想也缺乏理论和实验上的依据。

1892年,苏黎世联邦理工学院26岁的助教、名不见经传的维尔纳,提出了具有革命意义的配位理论。他彻底抛弃了凯库勒恒价学说和布洛姆斯特兰德-约尔延森链理论,结束了几十年来结构无机化学中的混乱局面,从而开创了无机化学的新时代。

早在1891年,维尔纳在其大学任职资格论文《论亲和力和化合价理论》中,就向结构有机化学的创始人凯库勒发起进攻。维尔纳否定了凯库勒的恒价学说,假定亲和力是产生于原子中心的吸引力,对原子球面的各部分具有相同的作用;认为元素的化合价依赖于元素原子所形成的化合物的性质,即化合价是可变的;在形成分子的过程中，原子的亲和力不可能完全用尽，还存在不饱和亲和力或剩余亲和力。可见，这篇论文中已有后来主价和副价思想的萌芽。但是，维尔纳在这篇论文中讨论的全是有机化合物。

关于配位理论的产生，据维尔纳陈述是这样的：在1892年的一天凌晨，他2点钟醒来，突然灵感来临，分子化合物之谜被解开了。他立即起床，摊开稿纸，不停地写作，困了以浓咖啡醒脑提神，到下午5点，便完成了他一生中最重要的论文《论无机化合物的构造》。这年12月，他将论文寄给德国《无机化学学报》，第二年3月论文发表。

维尔纳的教师生涯始自1892年。据他的助手回忆，维尔纳在准备一次理论化学讲座时，开始对当时流行的金属的氨配合物理论及有关的化合物产生浓厚的兴趣，不久就坚信传统的化合价理论无法完满地解释这类化合物的性质。推算起来，这次讲座距投寄论文至多不过六七个月时间。而维尔纳原来专攻有机化学，其无机化学知识相当有限。也无迹象表明，在此次讲座之前，他对无机化学产生过兴趣。类似的例子，科学史上并不鲜见。美国科学史家库恩在《科学革命的结构》中写道："提出新规范的人几乎都很年轻。他们不熟悉自己所改变规范的领域。……很显然，他们以前的实践，很少使自己受到常规科学的传统规则的束缚，因此，最有可能看出那些传统规则不再适用了，并构想出另一套新的规则取而代之。"丰富的想象力、敏锐的直觉、强烈的自我意识、积极的进取心、远大的抱负和对工作的痴迷，所有这些具有高度创造力的独特个性，都可以用来形容维尔纳。而童年时养成的倔强和反叛的性格，对他提出反传统的理论也有重要影响。维尔纳就曾将新理论的诞生归功于他"强烈的独立意识、不迷信和盲从权威以及对真理的渴求"。

维尔纳的理论使经典无机结构理论和化合价理论急剧崩溃。他假设存在两种化合价，即主价（可电离的化合价）和副价（不可电离的化合价）。他认为处于特定氧化态的金属都具有特定的主价数，同时也具有必须得到满足的副价数，即配位数。主价由阴离子满足，副价由阴离子或含配位原子的中性分子满足。副价围绕中心原子在空间取向，如副价为6，分子的空间构型是八面体构型；副价为4，则分子的空间构型是四面体或平面四边形构型。维尔纳理论认为，配位体与中心原子结合形成配离子，它通常在溶液中以分立的单元存在。

维尔纳的配位理论，并非像目前流行的化学史教科书或专著所说的那样，是在"总结了大量实验事实"的基础上提出来的，起初缺乏的正是实验依据，因此，这一理论受到了同辈化学家的广泛批评。在以后的20多年里，维尔纳苦苦地为他的理论寻找实验证据。

三、电导研究

维尔纳为配位理论寻找的第一个实验证据是1893—1896年间与苗拉提合作进行的电导研究实验。

根据布洛姆斯特兰德－约尔延森链理论，1分子亚硝酸六氨合钴（Ⅲ）[$Co(NH_3)_6$](NO_2)$_3$在溶液中电离生成3个NO_2^-和1个三价阳离子，共4个离子。1分子六氨合物失去1个NH_3分子，形成1分子五氨盐，其在溶液中电离生成3个离子——2个NO_2^-和1个二价阳离子，因为与 Co 原子直接成键的 NO_2^- 不离解。1 分子五氨盐再失去 1 个 NH_3 分子，就变成了 1 分子亚硝酸二亚硝基四氨合钴，链理论预言它在溶液中可电离出 2 个离子，即 1 个 NO_2^- 和 1 个一价阳离子。1 分子四氨合物再失去 1 个 NH_3 分子，只是链变短，生成的化合物在溶液中电离出 2 个离子。再进一步失去 NH_3 分子，形成的化合物就不存在了。配位理论则认为，从氨配合物中失去 1 个 NH_3 分子，并不是简单的失去，而是发生了取代作用，它的位置由一个阴离子占据。配离子的电荷等于中心金属离子的电荷与配位基电荷的代数和。因此，当配合物 MA_6 中的 A 逐步被阴离子 B 取代，生成配合物的离子数逐步减少，直到形成一种非电解质，然后配离子变成阴离子，离子数再逐渐增加。

1875 年，科尔劳施发现离子独立移动定律。4 年后，他又提出电解质的当量电导等于阴、阳离子电导之和的原理。科尔劳施的加法原理提供了一个测定可溶化合物离子数目的简便方法。维尔纳和苗拉提用这种物理化学方法，解决了一个重要的化学难题——配合物的组成。

1893 年，维尔纳和苗拉提在他们合作的第一篇论文中，证明配合物的摩尔电导 μ 随 NH_3 分子逐步被酸根离子取代而减小。例如，他们发现，六氨合钴（Ⅲ）盐的 μ > 五氨合钴（Ⅲ）盐的 μ > 四氨合钴盐的 μ，三氨盐 $[Co(NH_3)_3(NO_2)_3]$ 的 μ 几乎降到 0。他们还发现，1 个 NH_3 被 1 个 H_2O 取代，μ 并无多大改变。这样，通过电导测定，可以确定配合物的离子数。

三氨盐 $[Co(NH_3)_3(NO_2)_3]$ 的电导数据，在判明两种理论孰是孰非上至关重要。约尔延森认为它是电解质，而配位理论预言它是非电解质，维尔纳的观点得到了电导数据的支持。

1894年，维尔纳和苗拉提发表了第二篇配合物电导测定的论文，证明实验测定的电导数据与配位理论的预言完全吻合。他们收集了含不同离子数目的Co（Ⅲ）、Cr（Ⅲ）、Pt（Ⅱ）、Pt（Ⅳ）等配合物的电导数据，发现同种类型的配合物，电导数据处于同一数量级，波动范围很小。因此，电导测定还可用来确定某一未知配合物的类型。

维尔纳认为，电导研究结果与他的理论吻合得极好，像三氨盐[Co(NH$_3$)$_3$(NO$_2$)$_3$]这类化合物的电导值极低，这是非电解质特性的一个表现。1897年，彼得森核实了维尔纳的实验结果，但他对维尔纳的结论持怀疑态度。他发现在某些情况下，电导测定显示的离子数比理论预测的要大，如[Co(NH$_3$)$_3$(NO$_2$)$_2$Cl]，配位理论要求它是一个非电解质，而表现的却是一个1∶1型电解质的电导数据。维尔纳用水化反应来解释这种"偏差"：

[Co(NH$_3$)$_3$(NO$_2$)$_2$Cl] + H$_2$O ⟶ [Co(NH$_3$)$_3$(NO$_2$)$_2$(H$_2$O)]$^+$ +Cl$^-$

彼得森测定不含易被水取代的配位基的配合物的电导值，结果与维尔纳理论吻合。彼得森试图用冰点法验证他的电导测定结果，但与电导测定并不一致。约尔延森抓住这些所谓的"偏差"，试图全盘否定电导法，进而否定维尔纳和苗拉提的实验结果。但实际上，彼得森的结果并没有支持约尔延森的观点。

毫无疑问，在解释配合物阴离子的存在和证实金属配合物MA$_6$

到复盐 MB_6 之间存在一个不断过渡的系列方面，维尔纳理论相当成功，而链理论则无能为力。

1899 年，62 岁的约尔延森在对链理论做最后一次辩护之后，便很宽厚大度地结束了这场争论。他说："我已经将旧理论与维尔纳的体系，尽可能客观地从各个方面进行了比较。我现在甚至比以前更坚信经我修正的布洛姆斯特兰德理论，是阐述金属氨盐化学的最好理论，并且它与整个化学体系协调一致。维尔纳创建了一个能概括所有细节的理论，他不满足于提出一些假设。他具有惊人的聪明才智，揭示了许多有趣的、重要的新事实。我祝愿他获得更多的新发现。"

维尔纳的观点遭到约尔延森的批评，这是很自然的。因为它使经典无机结构理论和化合价理论急剧崩溃。维尔纳提出配位理论之初，Co（Ⅲ）配合物的八面体构型还只是一个未经证实的假设，而这时，约尔延森潜心研究钴氨配合物已达 15 年之久，并能根据链理论解释他的新发现。

维尔纳理论最终获得了胜利。但约尔延森的观察并没有失效，相反，他的实验由于做得特别精细，不仅后来被证明完全可靠，而且还成为维尔纳理论的基础。维尔纳始终承认从这位老人那里获益不浅。1913 年，维尔纳在斯德哥尔摩接受诺贝尔化学奖返回苏黎世的途中，向丹麦化学会写信，高度赞扬约尔延森的实验贡献在配位理论的发展中所起的重要作用。可惜，由于约尔延森病重，这两位伟大的对手失去相见的机会。

四、异构体计算法

众所周知,维尔纳用来确定六配体钴氨配合物八面体构型的方法,是所谓的"异构体计算法"。用这种方法,维尔纳彻底否定了链理论,证明三价钴原子具有八面体构型,而不可能有其他空间构型。

该方法的出发点是,假定所有的 6 个配体占据离中心原子对称、等距的位置,这样六配体配合物可能存在平面正六边形、三棱柱形和正八面体形三种结构。然后,将已知异构体数目与理论预测的异构体数目进行比较。

大多数情况下,六配体配合物的已知异构体数目符合八面体构型的预测。但也有例外,如理论预测配合物 MA_4B_2 有 2 种异构体,而实际只知道 1 种。因此,八面体构型还需充分的证据。

五、紫色盐 cis-[Co(NH$_3$)$_4$Cl$_2$]Cl 的发现

1890 年,约尔延森第一个发现 M($\overline{AA}$)$_2$B$_2$ 型配合物中的顺反异构现象。他蒸发绿色化合物 [Co(en)$_2$Cl$_2$]Cl(en 为乙二胺)的水溶液,得到紫色的异构体,他称之为紫色氯化钴。他在低温下用硝酸银处理,发现有 2/3 的 Cl 被"隐蔽"起来。维尔纳等人用冰点法和电导法证明 1 分子 [Co(en)$_2$Cl$_2$]Cl 在溶液中电离出 1 个一价阳离子。

约尔延森把颜色的差异归因于配合物中 2 个乙二胺分子连接方式不同所引起的结构异构,他认为简单的四氨合物就不会出现这种

情况。维尔纳则认为颜色的差异是由几何异构引起的。

在维尔纳看来,这种顺反异构现象是八面体构型的一个几何学上的结果。这样,在不含乙二胺的简单 MA_4B_2 型配合物中,也应观察到这种异构现象。依八面体构型假说,$[Co(NH)_2Cl_2]Cl$ 存在顺式紫色盐和反式绿色盐两种异构体,但当时只知道绿色盐,它是由伊布斯和根特在 1857 年首次发现的。人们用稀盐酸作用于 cis-$[Co(NH_3)_4Cl_2]Cl$,希望得到紫色盐,但结果总是生成 trans-$[Co(NH_3)_3(NO_2)Cl_3]$。因此,"失踪"的紫色盐像 $[Co(NH_3)_3(NO_2)_3]$ 一样,又成了这两位对手争论的焦点。约尔延森这位坚定的经验主义者,批评维尔纳的理论是以一个未知化合物的存在为依据的。

紫色盐的制备是一个棘手的难题。因为,氨配合物远不如相应的乙二胺配合物稳定,在水溶液中极易发生水化作用,形成水合盐。1907 年,维尔纳在 -12℃的低温下,用被氯化氢气体饱和了的盐酸处理 $[(NH_3)_4Co\underset{HO}{\overset{OH}{\rightleftarrows}}Co(NH_3)_4]Cl_4$,终于成功地制得了令人难以捉摸的紫色盐 cis-$[Co(NH_3)_4Cl_2]Cl$。维尔纳兴奋异常,迫不及待地写信向约尔延森通报他的发现:"实在冒昧,我随信给您一份寻觅很久的紫色盐 cis-$[Co(NH_3)_4Cl_2]Cl$ 样品,希望您也能为此感到高兴。"紫色盐的存在是维尔纳理论的必然结果。约尔延森知道维尔纳的发现后,立即承认维尔纳观点的正确性。

六、旋光异构体配合物的拆分

紫色盐的发现使 MA_4B_2 型配合物的已知异构数目也与八面体构型的预测一致了。但这还不能证明八面体构型假说一定正确,只能说明它可能正确,其他构型可能不正确。因为从逻辑上人们可以认为,没有分离出第三种异构体并不能保证它就一定不存在,或许它非常不稳定或非常难于分离。因此,必须有更充分的证据证实八面体假说,那就是要将不对称的六配体配合物拆分成它们的光学对映体。

早在1899年,维尔纳在一篇研究二乙二胺合钴(Ⅲ)盐的文章中,根据八面体构型假说,认为 $[Co(en)_2C_2O_4]^+$ 有两种不对称空间构型,它们好像实物和镜像一样,彼此不能叠合。因此,他明确指出配合物中存在光学异构现象的可能性。

1910年初,美国人金来到苏黎世大学,成为维尔纳的博士研究生。维尔纳让金用(+)-溴樟脑-π-磺酸银拆分 $[Co(en)_2CO_3]Br$。金花了一年时间,没有成功。金转而研究相关的化合物 cis-$[Co(en)_2NH_3Cl]X_2$(X代表Cl、Br等)。金认为,用两个不同的配位基 NH_3 和 Cl 取代 CO_3^{2-},得到的配离子 $[Co(en)_2NH_3Cl]^{2+}$ 的构型的镜像不叠合性将得到加强。

1911年,金经过2000多次分步结晶,终于成功地用(+)-溴樟脑-π-磺酸银拆分出 $[Co(en)_2NH_3Cl]X_2$ 的光学对映体。这使维尔纳欣喜万分,因为八面体构型得到了一个肯定的证据,四面体构型也失去了对光学异构现象的垄断地位。

维尔纳认为，这一研究成果证明，金属原子可以作为稳定的、不对称结构分子的中心原子，纯粹的分子化合物也可以存在稳定的镜像异构体，因此，原子化合物和分子化合物的区别完全消失了。此外，它证实了八面体构型是一个具有深远意义的结论。金认为，配合物异构体拆分成功是八面体构型的最后证据。维尔纳把旋光性归因于镜像异构现象，旋光性并不要求物质中一定具有不对称原子。维尔纳的成功，使配位理论赢得了广泛的承认。

一旦找到了拆分配合物的钥匙，维尔纳无穷的创造力便像火山一样爆发。在1911—1919年间，他和他的学生拆分了40多个系列的阴、阳配合物离子，除钴配合物外，还包括其他六配体过渡金属配合物。他成功地证明了Fe(Ⅱ)、Cr(Ⅲ)、Rh(Ⅲ)、Ir(Ⅲ)和Pt(Ⅲ)的配合物均具有八面体构型。1913年，他又证明可以像拆分单核配合物一样拆分多核配合物，并且证实含两个金属原子的多核配合物的结构与含两个不对称碳原子的有机化合物具有相似性。这更充分验证了他的八面体假说。

到1913年，维尔纳拆分了有代表性的各种类型的配合物，它们无疑是配位理论强有力的证据。但这些配合物具有一个共同特征，即含有碳原子。因此，一些反对者认为，维尔纳拆分出的光学异构体是因为含有有机配体的结果。他们把光学活性归因于神秘的有机物，而不是配合物空间结构的非对称性，硬说无机物是不会有旋光性的，企图贬低维尔纳实验结果的意义。

1914年，维尔纳成功地将一个完全无碳的$M(\overline{AA})_3$型配合物$[Co\{(OH)_2Co(NH_3)_4\}_3]Br_6$拆分成它的光学对映体。这是一个具有高度旋光性的纯粹的无机化合物。令人回味的是，它是 16 年前由约尔延森首次发现的。维尔纳的这一成就达到了他一生科学研究的顶峰。用他自己的话说，这证明了"不含碳原子的无机物也可以存在镜像异构体"，因此，含碳化合物和纯粹的无机化合物之间的差异荡然无存了。他终于确证了他长久坚持的化学统一性的观点。至此，无机化学和有机化学之间的鸿沟才算彻底填平。

今天，维尔纳结构观点的有效性已被大量 X 射线衍射研究所证实。他的工作奠定了配位化学的基础，并给不景气的无机化学带来了复兴。维尔纳一生成就斐然，单凭他创立配位理论的伟大功绩，他的名字就足以长留天地间了。

（作者：张清建）

哈伯
一代物理化学巨匠

弗里茨·哈伯
(Fritz Haber, 1868—1934)

弗里茨·哈伯是德国著名的物理化学家，他在化学和工业领域做出了重要的贡献。他最著名的成就是发明了合成氨的新方法，革命性地改变了肥料的生产方式，从而对农业产业的发展以及全球粮食生产起到了重要作用。然而，哈伯也是一个具有争议的人物。在第一次世界大战期间，他为德国军队研发毒气武器，造成了巨大的人员伤亡。这个事件促使人们反思，也提醒科学家慎重对待自己的责任和道德义务，确保科学应用符合人类的福祉。

一、早年生涯

弗里茨·哈伯1868年12月9日生于普鲁士西里西亚布雷斯劳（现为波兰弗罗茨瓦夫）。他是家中的长子，刚出生不久，母亲就病故了。他的父亲是富有的化学染料商人，当过市参议员。中学时候，受家庭环境的熏陶，哈伯对化学产生了浓厚的兴趣，如饥似渴地在家中进行化学实验。当时他就是朋友圈中的领袖人物，他的聪明、宽厚、仁爱、友善和乐于助人，使他深受大家的喜爱。他强烈的进取精神，让他的父亲对他寄予厚望。

中学毕业后，哈伯先后就读于柏林大学和海德堡大学。在海德堡，他投师于本生门下，掌握了分析技术。之后，他在夏洛滕堡工业大学发现了迷人的有机化学新世界，在利伯曼的指导下，从事胡椒醛和靛青衍生物的研究，由此迈出了科学研究的第一步。1891年，哈伯获得博士学位。哈伯的父亲希望儿子继承自己的事业，但哈伯打算先进入化工领域获得技术经验，再接过父亲的担子。为此他到3家化工厂进行了短期的工作，但这些工作都不能令他满意。之后，他来到苏黎世联邦理工学院，在伦格的指导下，学习了一个学期的化学工艺学。回国后，他协助父亲进行经营。然而，完全不同的个性让父子俩合作不下去。在精明冷静的商人眼里，儿子的冒险精神是无法容忍的鲁莽行为，会给生意带来极大的风险。而哈伯感到自己缺乏做实业的天赋，为了获得更多的自由，他便将精力转向了学术研究。他来到耶拿大学，在克诺尔指导下继续研究有机化学。1894年，哈伯任卡尔斯鲁厄工业大学邦特教授的助手。在邦特的建议下，他对烃的热分解进行研究。早在1863—1869年，法国化学家贝托莱曾对这个问题作过探索。贝托莱在实验基础上，提出了烃的高温热分解理论。哈伯尖锐地批评了贝氏的理论，认为它过于武断，缺乏充分的实验依据。不久，哈伯的观点得到证实。他发现在芳香族化合物中，C—C键的热稳定性比C—H键的强，而在脂肪族化合物中，C—H键的热稳定性比C—C键的强。这就是著名的哈伯规则。这一规则也有例外，但哈伯将它视为普遍法则。

二、转向物理化学

1896年，哈伯任卡尔斯鲁厄工业大学的讲师。在卡尔斯鲁厄工业大学的教学和科研经历对他一生都产生了重要影响，他的研究方向也由有机化学转向了物理化学。哈伯以前并未接受过正规的物理化学训练，通过自学他很快成为物理化学的行家里手。在他的同事中，卢金是唯一的物理化学家。卢金是阿伦尼乌斯的高足，才华出众，与哈伯是亲密无间的朋友。他们志同道合，主要兴趣都在热力学和电化学领域。卢金在1899年英年早逝，后来哈伯专门写了一篇热力学论文，以纪念故去的好友。

1. 电化学还原

获得讲师职位后，哈伯开始从事电化学研究。他的第一项成果是研究硝基苯的还原作用。这项研究使他声名鹊起。这时的哈伯，最擅长的仍是研究有机化学，但同时他又将新学到的物理化学知识应用于有机化学研究中。加特曼及其他一些化学家对硝基化合物的电化学还原反应进行过研究，获得了大量的不同还原态产物。当时的研究似乎表明，这些还原产物的性质和相对比例取决于电解质的酸碱度、电流密度、通电时间和金属电极的性质。当时的观点认为还原作用是由初生态氢引起的。但这种观点无法解释初生态氢在活性上的巨大差异。1898年，哈伯确立了电极电势的重要性，澄清了电化学中的一些错误认识。

按照能斯特的理论，气体的电极电势由电极上气体的有效浓度决定。哈伯认识到电极电势由阴阳两极气体活度的比值所决定。在1898年发表的关于硝基苯的电化学还原反应的论文中，哈伯首次提出电极电势决定还原能力的观点，认为电极电势越高，还原剂的还原能力越强。早期的研究者通常用比较恒定的电流密度逐渐增大阴极的电势。哈伯认为，这样相当于使用还原性逐渐增强的一系列化学还原剂，同时生成一系列主要还原产物。哈伯计划在电解过程中改变电流，在电流密度—电极电势曲线的转折点下，保持被极化阴极的电势恒定，这样释放出的氢用来还原去极剂。为了从低的阴极电势开始逐步分离主要的还原产物，哈伯用氢超电势低的铂（有时用镍）作电极。他认为，氢超电势高的电极（如锌）会产生很强的还原反应。他采纳卢金的建议，使用辅助电极测定和控制阴极的电势，用薄壁毛细玻璃管将辅助电极和阴极相连，这样就消除了通过电解液的电势降。

他用铂作阴极，在低电势下电解硝基苯的碱溶液，出乎原先的预料，得到的主要产物是氧化偶氮苯。根据班贝格尔一系列有关硝基苯、亚硝基苯和苯胺还原的研究，哈伯证明电化学还原反应和普通化学还原反应遵循同样的步骤：RNO_2（硝基苯）→ RNO（亚硝基苯）→ RNHOH（苯胲）→ RNH_2（苯胺）（R代表C_6H_5—）。其他产物来源于副反应。氧化偶氮苯作为主要还原产物出现，是由于在碱性溶液中，中间产物亚硝基苯和苯胲发生了去水反应：

$$RNO+RNHOH \longrightarrow RNONR+H_2O \quad （1）$$

哈伯证明，无论是普通化学反应还是电化学反应中，都存在亚硝基苯和苯胲。亚硝基苯是一种比硝基苯更强的去极化剂，因此只能存在于极稀的溶液中。然而，通过偶氮染料固色，能够检测到亚硝基苯和苯胲。他还成功地通过硝基苯的电化学还原反应制备了大量的苯胺，该反应在弱碱性缓冲溶液中进行，用适当高的电势能够瞬间将亚硝基苯还原为苯胺，从而避免生成偶氮苯。他还探讨了偶氮苯的生成，它也是硝基苯的一种电化学还原产物。哈伯指出，硝基苯在碱性溶液中按下列反应能快速生成偶氮苯：

$$2RNO_2 + 3RNHNHR \longrightarrow RNONR + 3RNNR + 3H_2O \qquad (2)$$

哈伯认为，在碱性溶液中，用氢超电势低的阴极电解硝基苯，主要产物是氧化偶氮苯；用氢超电势高的阴极电解硝基苯，还原作用更强，得到二苯肼，最终生成苯胺。

哈伯还研究了在酸性溶液中硝基苯的电解还原作用，发现反应（1）变得非常慢，但在强酸性溶液中，苯胺迅速转变成对氨基苯酚，二苯肼转变成联苯胺，主要产物有对氨基苯酚、联苯胺和苯胺，比例由酸的浓度决定。

哈伯的成功，举世瞩目，成为他在电解还原和氧化领域研究的极大推动力。1898年，在进入卡尔斯鲁厄工业大学4年后，哈伯被提升为副教授，年仅30岁。同年，他的第一部著作《工业电化学的理论基础》问世，进一步提高了他的声誉。他已经创立了一个公认的电化学学派。这是他创造力最为旺盛的时期，但持续的超强度工作损害了他的健康。他对工作的专注达到忘我的境界。在早期的研究生涯中，他仅仅在他意气相投的朋友圈子中寻找短暂的放松。和他交往的多是些教师、作家和艺术家，哈伯喜欢和他们一起高谈阔论，但即使在这种场合，他也不愿让自己的脑子休息。1902年，哈伯作为德国本生学会的代表被派去参加美国电化学会年会，由此可以看出哈伯的声誉。他出众的才华和严谨的态度，给美国同行留下了深刻的印象。会上他所作的长篇报告，获得了欧洲和美国化学家的一致好评。该报告于1903年发表在《德国电化学学报》上，被认为是电化学工业史上具有永久价值的杰出文献。

2. 电极过程的本质

在早期的电化学还原研究之后,哈伯开始关注电极过程的本质问题。经过一系列研究,他提出了一个通用的理论,该理论既适用于不可逆还原反应,如硝基苯的还原,又适用于可逆还原反应。通过对极化曲线进行详细研究,他认为电极上直接的离子放电是一个非常快速的过程,如果其中含有较慢的化学变化,那一定会出现化学极化,化学极化在一定程度上取决于化学变化的速率。他相信这是一个基本的并能得到实验验证的理论。不可逆还原反应的问题并没有得到完全解决,哈伯理论中一些假设的正确性亦值得怀疑,但它对电化学发展的巨大推动作用得到了举世公认。几年后,他对奎宁-醌醇体系的可逆氧化还原反应产生了兴趣,获得了一些有实际价值的成果,建立了电极过程的可逆性理论和醌氢醌电极理论。当时,他的主要兴趣是电极过程的本质和反应速率,并没有注重将电极理论用于氢离子浓度的测定。他认为,对称的阴极极化曲线和阳极极化曲线是由于电极上慢的反应和快的离子反应共同作用的结果,慢的化学反应决定电极过程的速率。他通过其他实验,支持了这种观点。

3. 燃料电池和玻璃电极

和同时期的其他电化学家一样,哈伯也对燃料电池有浓厚的兴趣。在这种电池中,氢气、碳、一氧化碳或其他燃料,能在较低的温度下通过氧化还原反应产生电流。由于这一过程差不多能利用氧化过程的全部自由能变,这无疑会对电能的生产带来革命性的影响。但哈伯研究燃料电池,并不是为了这个目的,他是为了找到一种测定氢气、碳、一氧化碳的氧化反应自由能变的新方法。电池 C｜NaOH（熔融）｜Fe（空气）引起了他的注意，他开始研究这种电池。这种电池中，碳溶解后生成碳酸盐，能产生稳定的电流，电压约1伏，产生的电能和碳的燃烧热大体相当。当时人们推测，电池反应为 $C+O_2+2OH^-══CO_3^{2-}+H_2O$，铁在纯的氢氧化钠中充当氢电极。哈伯经过精心研究，证明该电池并非原先认为的碳-氧化电池，而应该是氢-氧化电池，铁实际充当了可逆的氧电极。他用铂替代铁，发现能产生和铁相同的电势。他认为，碳电极的电势也并不是由"$C \to CO_3^{2-}$"这个过程所决定，因为用 Na_2CO_3 作电解液，电池无法工作。他发现，由于发生了化学反应 $C+H_2O+2NaOH══Na_2CO_3+2H_2\uparrow$，释放出活泼的氢，故碳电极直接充当氢电极。哈伯指出，这种氢氧燃料电池的电动势与根据氢氧反应生成水的热力学自由能方程的计算值一致。由于首次发现了可逆的氧电极，哈伯迅速将它用于气体电池，以便研究高温氧化反应。通过涂有铂或金的薄玻璃膜或陶瓷膜作电极连接两种气体，克服了熔融碱造成的温度和气体浓度的限制，如空气｜Pt｜热玻璃｜Pt｜$CO+CO_2$ 电池，电动势约1伏，总电池反应 $CO+1/2O_2══CO_2$，由于强的极化作用，这类电池的实用价值不大。哈伯用这种简易但非常新颖的装置，测定了碳、一氧化碳和氢气在氧化反应中的电动势，并以此计算反应的自由能变。获得的数据与哈伯的热力学计算值基本吻合。

4. 铁的腐蚀

在卡尔斯鲁厄的大部分时期内，哈伯都对铁的电化学感兴趣。最重要的研究涉及碱性溶液中铁的阳极特性和铁的钝化现象，探讨了阳极定量生成高铁酸根离子的条件以及它与铁酸根离子之间的关系。哈伯坚持认为，在生成高铁酸盐的情况下，由于铁的表面形成了一层氧化膜，铁通常被钝化。当时，这种钝化的氧化膜学说，并没有得到多数人的赞同。这一学说与钝化金属的电极电势不相符。事实上，钝态不能长期存在，钝化的影响也能消除。经过缜密的研究，哈伯更强烈坚信氧化膜学说。但他认为，在氧化膜多孔的情况下，被暴露在外的金属的电动活性是变化的。铁的完全钝化是在表面形成一层致密的氧化膜，主要成分为铁的高价氧化物。若要消除钝化的影响，可以通过化学反应，使氧化膜成多孔状，铁重新恢复活性。在某些情况下，钝化金属的表面有一层可见的氧化物，如用浓热的强碱溶液溶解这层氧化膜，金属的活性会恢复。哈伯在钝化的研究方面起了非常重要的作用，他的结论与现在的观点也基本一致。哈伯同时还关注地下自来水管和天然气管道的腐蚀问题。当时普遍使用的直流电会使管线系统产生杂散电流，从而导致地下管道的腐蚀，这个问题非常严重而且影响广泛。虽然很多人进行了研究，但其本质依然模糊不清。哈伯进行了不懈的探索，全面研究了相关的因素，诸如泥土的组成和导电性、微弱地下电流的方向和大小、铁在泥土中的阴极特性等。通过深入研究，他攻克了这个难题，他的理论能够预言这类腐蚀的发生。由于交流电的使用，他的工作现在已失去了实用意义，但却包含了许多具有永久价值的电化学研究课题。

5. 热力学第三定律

1905年,哈伯的著作《工业气体反应动力学》出版。它被誉为"精确性和敏锐洞察力的典范",在热力学史上具有举足轻重的作用。书中他讨论了气体平衡的实验测定及自由能方程中著名的"不确定热力学常数"的问题,"不确定热力学常数"这一表述也是由哈伯提出的。1904年,他开始对这个问题产生兴趣。他认为,固体反应的自由能变近似等于反应热。由于测定不精确,难以确定温度系数。他得出这样的结论:如果固体间的反应服从柯普定律,那么积分常数即绝对零度时的熵变应该为零。1904年,里查兹发现,根据某些电池的电动势计算的自由能变与反应热效应接近。范托夫对常数问题也进行过探讨。哈伯深受里查兹和范托夫研究的影响。但由于他的热力学知识有限,不能够完全解决这个问题。哈伯非常谨慎,从不愿接受缺乏实验依据的纯理论观点。他认为,在分子数不发生变化的气体反应中,常数如果不等于零,其值也可能很小。通过实验数据检验,结果支持了他的结论。他暗示,在分子数发生变化的气体反应中,常数可能稍大一些。1906年,能斯特提出热定理。哈伯后悔自己过于谨慎,没有迈出大胆的一步。当然,这样的步子,只有具有能斯特那样敏锐洞察力和极高天资的人才能迈出。但哈伯对这一问题的研究,依然占有重要的一席。

6. 固氮研究

1904年,哈伯开始研究氨的平衡。当时,他担任维也纳马古利斯兄弟的科学顾问,兄弟俩对新的工业固氮方法很感兴趣。氮和氢的混合气体在催化剂的作用下可以连续合成氨。但是,最大产率总是受到氨平衡的制约。哈伯决定首先研究这个问题。曾有化学家做过氮化钙和氮化锰的还原和再生实验，但由于需要很高的温度，表明钙和锰这些金属无法用作催化剂。1884 年，拉姆齐和扬尝试氨的热合成法。他们发现，在 800℃下，用铁作催化剂，氨绝不会完全分解。于是，他们试图利用其逆反应合成氨，可是根本得不到氨。通常认为，氮的化学性质极不活泼，只有在高温下才能与氢化合，而实际上，高温下氨的分解又非常彻底。

哈伯的第一个探索实验，是在 1020℃下，以铁作催化剂合成氨。虽然哈伯完全清楚高压对氨合成有利，但他还是选择了一个大气压，因为这样需要的设备简单。出乎哈伯的预想，实验非常顺利，第一次就实现了氨的平衡。然而，氨的浓度很低，在 0.005%～0.012% 之间，难以选择一个最接近真实值的数据。当时，他倾向于上限值，但后来的研究表明下限值才接近真实值，高的产率可能是新制铁催化剂的特殊作用。确定氨平衡状态的最初目的达到了，他用这段话描述了他的实验结果："将反应管加热到暗红热以后，在常压下，不用催化剂，顶多只有痕量的氨产生，即使极大地增大压强，平衡位置依然不理想。在常压下，使用催化剂，要获得实际成功，温度不能高于 300℃。"看来直接合成氨作为工业固氮的基础，似乎没有多大的希望。哈伯放下这个问题，终止了和马古利斯兄弟的合作。1906 年，能斯特在考察气体平衡的实验数据时，发现在氨的个案中，哈伯的数据和热定理计算值之间存在很大的差异。于是，能斯特在高压（50 个大气压）下，重新测定氨的平衡数据，使用高压的目的是提高氨的浓度，从而降低实验误差。能斯特首次通过加压合成了氨。他得到的氨的浓度比哈伯的数据少得多，和理论值比较接近，如在1000℃时，理论值为0.0045%，能斯特的实验值为0.0032%，哈伯的实验值为0.012%。1906年秋，能斯特在给哈伯的信中谈到了这一情况。于是，哈伯和勒罗西尼奥尔用原来的方法，在一个大气压下重新测定氨的平衡数据，实验非常精细，结果与先前的数值很吻合，如在1000℃时，新值为0.0048%，和原来测定的下限值0.005%接近。同时证明如能斯特坚持的那样，哈伯最初的近真值0.012%的确过高。哈伯与能斯特实验数据的差异大大缩小了，但没有完全消除。1907年在德国本生学会的会议上，能斯特报告了他的压强实验。在讨论过程中，哈伯宣布撤回原先0.012%这一估值，并公布了新的数值。但哈伯的数值依然比能斯特的高50%。能斯特拒绝承认哈伯新测定值的精确性，认为在一个大气压下，氨在平衡混合物体系中的浓度很低，建议哈伯应该在高压下进行研究，以消除误差来源。能斯特认为自己的数据才值得信赖，与热定理相吻合。

哈伯坚信自己数据的精确性，视能斯特的观点为自己的奇耻大辱，觉得自己的荣誉受到损害。哈伯和勒罗西尼奥尔立即对氨的平衡重新进行精确的测定。这次是在30个大气压下进行实验。他们的设备非常简单，但能极好地满足实验目的。通过氨的热分解，得到氮和氢的混合物，将其通过装有铁或锰作催化剂的厚壁石英管。然后，平衡混合物被迅速移走，进行冷却分析。哈伯根据新数据导出的自由能方程表明，氨的产率能够高到适用于工业目的，只是条件苛刻，不易达到。例如，在600℃、200个大气压下，氨的转化率达 8%。但当时压缩机所能达到的最大压强也就是 200 个大气压，还没有大规模的化学操作使用过如此高的压强，而且最好的催化剂（铁、锰、镍）在 700℃时活性大大降低。因此，如果能克服高压和催化剂的障碍，无疑将开辟一条工业合成氨的光明之路，固氮的问题也就迎刃而解。哈伯接受了这个挑战，因为他有亲密的理想合作伙伴勒罗西尼奥尔的鼎力相助。高压技术不久便在卡尔斯鲁厄实验室推广使用，并得到勒罗西尼奥尔的改进。勒罗西尼奥尔心灵手巧，他一流的实验技能众口皆碑。研究工作开始于 1908 年，他们设计制造了一种转化器，并将其安装在钢制的高压弹中，在 200 个大气压下能正常运转。现在万事皆备，只剩下找到一种活性更高的催化剂了。经过长时间探索，他们发现在 550℃以下，锇具有高的催化活性，可惜锇太稀少了。后来的实验证明铀有同样高的催化活性。从根本上讲，问题已经得到解决。使用新的装置，铀作催化剂，在 550℃、150~200 个大气压下，氨的浓度已经很高了。在工作压力下，经适度冷却，氨被液化而分离，而气体混合物通过转化器、压缩器和循环泵的封闭系统进行循环利用，同时不断输入适量的新鲜气体混合物，最后安装一个热交换器，这套装置简直就是一个小型工厂，每小时生产数百毫升液氨，而且能耗极低。工业化合成氨的前景，似乎一片光明。但是，实验室的方法很少能直接用于工业生产，必须对实验装置进行改进。

合成氨是哈伯一生最大的成就，但是，它并没有马上得到工业界的青睐，它收获的是冷眼和怀疑。虽然巴登苯胺纯碱公司（BASF）对固氮有浓厚的兴趣，也认为哈伯在氮的电氧化方面的研究很重要，但对哈伯合成氨的前景表示疑虑。经哈伯的好友和同事、BASF公司的顾问恩格勒的极力推荐，BASF公司的领导才开始关注哈伯的工作。1909年7月的一天，BASF公司的工程师博施博士和化学家米塔施博士，来到卡尔斯鲁厄观看合成氨的演示实验。米塔施亲眼看见流动的液氨，完全相信哈伯合成氨法的价值。回去之后，他们立即着手将哈伯的成果付诸大规模的工业试验。3年后，一座合成氨工厂正式投入运行。合成氨的大规模工业化的荣誉，一直属于博施。虽然卡尔斯鲁厄实验室为工业化生产氨迈出了最重要的一步，但要实现工业化仍面临许多棘手的难题。在博施的领导下，对这些难题的成功解决，无疑是化学工程领域最卓越的成就之一。哈伯于1919年获得1918年诺贝尔化学奖，1931年博施和贝吉乌斯获得同样的殊荣。哈伯在获奖演说中谦逊地说道："人们尚未充分认识到，卡尔斯鲁厄实验室其实并没有为合成氨法的工业化做出过什么贡献。"在承认博施和贝吉乌斯为工业上高压法的发展所做的杰出成就时，也不能忘记高压法的先驱哈伯和勒罗西尼奥尔。早在1907年，哈伯的实验室就是著名的高压研究中心。贝吉乌斯提出高压下煤的氢化设想后，1908年到卡尔斯鲁厄做了最初的一批实验。

20世纪的前10年，电弧作用下氮的氧化研究和工业应用获得迅速的发展。在这个领域，哈伯的实验室一直是重要的研究中心。在能斯特1904年对一氧化氮热平衡进行测定之后，电弧固氮的纯热学理论得到普遍接受，但不久又引发了许多的疑虑。在一次实验中，哈伯发现高产率与纯的热学理论不相符，而电的因素在某种程度上发挥了作用。哈伯对这一课题产生了极大的兴趣，在1906—1910年，对低温电弧下固氮问题进行了深入细致的研究。由于反应物的电活性作用，在电平衡状态下一氧化氮的含量超过同温度下热平衡时的含量。撤掉电场后，过量的一氧化氮会分解，直到热平衡完全建立。这个过程的速率随温度的下降而迅速降低，在足够低的电弧温度下，一氧化氮几乎不发生分解，在这样的条件下，一氧化氮的产率达到最大值。在达到最终的热平衡时，高温电弧必然导致低的产率。哈伯完全证实了这一理论。电平衡的建立也得到证明。在100 mm汞柱压强下，让空气缓慢通过6 cm长的交流电弧，在一个狭长的、冷的石英管中燃烧，这样得到的一氧化氮的产率远比有2000 ℃电弧时高。电弧温度越高，产生的氧化物就越多，同时分解作用也更明显。总的来说，哈伯的工作具有巨大的理论和技术价值。

7. 火焰和燃烧

哈伯对火焰和燃烧问题的兴趣与早期研究燃料技术密切相关。1905年他出版的《工业气体反应热力学》一书中，就涉及火焰中气体反应的研究。最初的实验是利用烃焰的均匀气相研究水—汽平衡。当时史密斯尔斯已发明火焰分离器，分析了火焰内锥的主要燃烧产物。20年前勒夏特列首次计算出二氧化碳的离解常数及从火焰气的组成推算出火焰温度。1865年德维尔通过一根冷管获得一氧化碳内焰的温度。哈伯使用一种高冷却效率的新式德维尔管，获取火焰锥间区的气体。他证明，当气体混合物通过温度不低于1250℃的内锥时，平衡实际上瞬间就建立起来了。哈伯根据平衡常数和温度的关系，推导出一个改进的广泛适用的自由能方程。这样，提取火焰任意一点的气体进行分析，就能得到该点的温度。采用这种化学火焰温度计，哈伯分别测定了烃焰、一氧化碳焰、氢焰和乙炔焰的温度，与后来其他研究者用不同方法获得的数据非常吻合。哈伯还研究了火焰中氮的氧化作用。众所周知，气体爆炸过程中会生成氮的氧化物，但鲜有人注意火焰中的这个过程。哈伯发现，在一个大气压下，在一氧化碳火焰中固氮几乎没有发生，但在10个大气压下，氧化氮的产率大大增加。在相似的情况下，氢焰中氧化氮的产率仅有一氧化碳焰的一半。哈伯研究了火焰内锥的性质。据估计，内锥壁厚仅0.1mm。哈伯证明它是火焰中最冷的部位，而非先前想象的最热的部位。同时，该区域的反应速率特别快，化学发光强而且电离度较高。哈伯认为这三者之间有相互密切的内在联系。

1906年，哈伯升任卡尔斯鲁厄工业大学教授。1911年，受邀担任柏林近郊达荷姆新建的威廉皇帝物理化学和电气化学研究所首任所长。这个研究所于1912年正式落成。在落成庆典上，哈伯演示了他发明的瓦斯笛，这种装置能够检测煤矿中危险气体甲烷的存在，既耐用且效果良好，但并未投入使用。哈伯在达荷姆最初的工作是完善有关合成氨的研究，尽可能精确地测定氨的平衡和相关的热力学数据，获得最终的自由能方程式。同时，哈伯开始关注普朗克量子论在化学中的应用，是最早认识到普朗克理论在化学中有重要意义的人。这成了他在达荷姆许多工作的基础。哈伯特别关注新物理学知识在化学中的应用。他和好友玻恩之间频繁的讨论，对他的学术思想有极大的帮助。当时玻恩刚提出离子晶格理论：离子的晶格能由离子间的距离和作用力决定，固体反应的反应热则等于其组分晶格能的代数和。玻恩认为晶格能为气态原子去掉一个电子生成气态离子的能量和离子形成晶体的能量之和。哈伯清楚地说明了这种能量关系，因而被称为玻恩-哈伯循环，即晶格能为生成热、离解能、升华热、阴离子电离能和阳离子电离能的代数和。哈伯还大胆地将该理论用于 HCl 气体，得到 $H^+ + Cl^- \Longrightarrow HCl$ 的反应热，比循环过程计算值小得多。为了解释这种偏差，1919 年，他提出离子变形的观点，这一思想后来在法扬斯那里结出了丰硕的成果。

三、在一战中

1914 年，第一次世界大战爆发，研究工作突然陷于停顿，哈伯和他的实验室转入为战争服务。军方最初指定的课题是军需物资的供应。这个至关重要的因素在战前根本没有被预料到。显然，军队在战时需要的物资和平时一样，都应该由工业生产提供。实际上，德国在军用物资的准备上很不充分，甚至连短期战争都难以维持。哈伯最先认识到化学工业在战争中的重要作用。哈伯负责军用原料部门。他认识到固氮是最紧要的问题，并给予特别的重视。那时德国生产硝酸的原料的唯一来源是进口的智利硝石。这种原料的库存量极低，仅能维持几个月的战争消耗，急需克服这个难题。当时唯一的办法就是将氨转化成硝酸。哈伯是积极的推动者和倡导者。奥斯特瓦尔德催化氧化法制硝酸的小型工厂，虽已成功运转多年，但产量微不足道。BASF 公司迅速研制出一种新的氧化法解救了困局。氰氨工业的发展使氨的供应迅速增加。在头两年，氰氨法制得的氨基本能满足战争的需要。战争开始时,哈伯－博施法合成氨的产量并不高,但一直稳定增长,到战争后期,产量超过氰氨法,满足了日益增长的战争需要,到战争结束时,年产量达20万吨。如果没有哈伯的合成氨,德国不可能将战争支撑这么长的时间。在某种意义上,是哈伯使德国免于早败。

在战争初期,哈伯忙于组织军需物资的供应。他接受军方的第一个实验课题是寻找甲苯的替代品。哈伯很快解决了这个问题。他证明,二甲苯和溶剂石脑油可以用来代替甲苯作为苯系发动机燃料的防冻剂。1914年9月的第一次马恩河战役和完全没有料到的阵地战,击碎了德军速决战的计划。德军发现自己面临两个急迫的问题:一是军火的需求量远超预料,二是需要设法将协约国军队驱逐出战壕,以便重新开战。他们原以为军力上的优势能够使他们速战速决。德国人没有料想到阵地战,对使用化学武器也没有准备。军方向能斯特请教,是否能用刺激性毒气驱敌出战壕。能斯特与军方合作,进行最初的实验研究。最初的设想是在普通子弹或炮弹中装入刺激性物质。1914年秋,这种方法正式使用,第一次装入的物质是能斯特建议的联茴香胺氯磺,随后是催泪剂ω-甲苄基溴。但实战效果不佳,因为到达敌人阵地时毒气浓度太低。因此,需要研制更有效的刺激性毒气。1914年底,哈伯参与这项工作。1914年12月的一天,哈伯实验室发生了一场惨剧,当几滴二氯甲基胺加到几毫升不纯的卡可基氯上时,发生了爆炸。哈伯的助手、一位出色的物理化学家萨克当场殒命。研制新毒气的工作暂时被搁置。

为了使前线阵地刺激性毒气的浓度足够高,哈伯建议将氯气放入钢瓶中,然后在阵地前释放。之所以使用氯气,是因为它能够迅速制取。哈伯负责氯气的制备。第一次用氯气作战,是1915年4月22日在比利时的伊普尔前线。没有人想到它的威力有多大,甚至远远超出了哈伯的预料。当天傍晚,德军秘密安放了几千个氯气罐,借助风力以突袭的方式将氯气吹到敌人阵地。德军大获全胜。德国军方立即决定采用毒气战法,同时也意识到迫切需要毒气防护装备。军方要求哈伯集中精力解决这一难题。1915年8月,哈伯研制出一种精巧适用的防毒面具,其基本设计直到战争结束也没有多大变化。由于橡胶短缺,哈伯又设计出一种紧贴脸部的防毒面具,中间填充的吸附剂能有效吸收空气中的有毒物质。这种防毒面具获得巨大成功,随着毒气战的发展,吸附剂效力不断提高,能够满足对防护能力不断增高的要求。

协约国军队也很快研制了化学武器。令德国人吃惊的是,1916年春法国人研制出一种新的毒气弹——光气弹,其威力巨大,令德国国防部对它刮目相看。哈伯立即投入到毒气弹的研发中,并担任军方毒气战攻防的技术顾问。法军使用光气弹是毒气战的一个转折点,它加速了毒气战的发展,毒气战开始被提升到一种重要的战术地位上。释放毒气的目的也发生了变化,起初是利用其刺激性驱赶敌人出战壕,后来毒气的杀伤作用日益突出。战争异常惨烈,毒气像其他武器一样,目的就是杀敌。

1916年末,德军组建了独立的化学战部门,并由哈伯负责。他的研究所扩充成军事机构,全面转入化学武器的研制,直到战争结束。哈伯全面负责化学战,包括进攻、防御、毒气的研究和供应,甚至毒气部队官兵的选拔和训练。所有的有关化学战的命令和指示，都是军官在哈伯的协助下发出的。对一位大学教授来说，这完全是一种新的角色，哈伯全身心投入其中，耗费了巨大的精力。他组织士兵和化学家一起工作，赢得了官兵的信赖，他们钦佩这位享有盛誉的科学家的行政能力。

1916年以后，哈伯实验了数百种物质，包括光气、双光气、二氯二甲醚、乙基二氯胂和芥子气。芥子气1886年由维克托·迈尔首次人工合成，它对人的眼睛和皮肤伤害特别大，是化学战中杀伤力最强的毒剂，少量就足以致命。德国人非常清楚，他们的化学武器同样会反过来伤及自己。因此，必须考虑毒气的危害。最初有人向哈伯提出用芥子气作武器时，哈伯就向德军高层汇报了它的性质，建议慎用，除非战争确实在一年内能够结束。如果德军使用这种毒气，他推测协约国军队会在一年内掌握这种武器，会以同样的方式对德国以牙还牙。哈伯认为，如果协约国军队真的这样报复的话，德国必然会遭受致命的打击。德军高层没有听从哈伯的劝告，1917年7月，德军冒险使用这种毒气。一年后，战争仍在继续。1918年6月，协约国军队开始使用芥子气。然而，在这种毒气被大规模投入使用前，由于种种原因，德国已开始崩溃。

在战后的头几年，人们争论最多的是国际法和最先使用毒气的战争责任问题。毒气这种新的化学武器，受到普遍的诅咒。哈伯被指控犯了不可饶恕的反人类罪行。他不以为然。对德国人率先使用负有责任等指控，哈伯提出抗辩。他认为作为一个军官，职责是向上级提出建议，并服从上级的命令；使用毒气可以避免以往战争中的残酷的杀戮场面,能够尽快结束战争,减少军人的牺牲。哈伯在化学战方面的观点,与德国军方的政策如出一辙。

战争岁月是哈伯一生中重要的时期。他的家族连续三四代为德国军方效劳和征战。成为一个战士,服从和遵守命令早已成了他根深蒂固的信念。服兵役期间,他表现非常出色。但是按规定犹太人不能做军官。在战争初期,哈伯得到破格提升,被德皇授予陆军上尉军衔。他没能获得更高的军衔,尽管他功劳很大,也急盼能拥有高的军阶。然而,他是一位不寻常的、非常有影响力的军人,这给他带来莫大的满足感。但我们不能认为,哈伯天生喜欢和赞美战争,相反,他在内心深处憎恨战争带来的巨大破坏、消耗和苦难。战争使他显示出其本质的另一面,将他变成一个普鲁士军人,专横、残忍,为了胜利不择手段。在正常情况下,这种人性中潜藏的恶的倾向会受到遏制,表现出的是和蔼、慈善的一面。他是犹太人,但他首先认为自己是一个德国人,任何时候他都将德国的利益放在首位。战争的结果,对他来说是一场悲剧。为获得战争的胜利,他竭尽了全力。他的许多同事在战争后期逐渐认识到德国不可能取胜,但直到最后,哈伯仍坚信德国能赢,决不会被击败。战争的结果,让他非常震惊,心灵受到严重创伤,他完全变了一个人,再也不可能恢复到从前的样子。

1901年,哈伯与伊默瓦尔结为伉俪。伊默瓦尔出身于布雷斯劳的一个犹太名门望族,和哈伯自小相识。她不顾世俗偏见和家人的反对,成为布雷斯劳大学历史上第一位获得理学博士的女性。她一心支持丈夫的科学事业,对哈伯卷入毒气战,竭力劝阻和反对,但毫无效果。1915年5月1日晚,伊默瓦尔用哈伯的手枪自杀身亡。1917年,哈伯与纳坦结婚。

四、晚年

战争结束后,哈伯带着沉重的心情开始重建他的研究所。此时,他完全是一个幻想破灭、精神彻底崩溃的人。德国的战败使他的精神不堪重负。因研制化学武器受到广泛指责,他的心情沮丧到了极点,而且由于战争期间紧张和超负荷的工作,他的健康受到极大的损害。但是,他不屈不挠、毫不气馁的精神,不久又使他慢慢振作起来,逐渐有了一些往日的活力和激情。在重建研究所的过程中,他强烈地认识到应该将战争期间获得的广泛的科学知识用于造福人类。他的研究所除了物理化学、物理学、胶体化学等研究部门外,又组建了有机化学、药物学、虫害学、纺织化学等研究部门。在他的领导下,各研究部门密切合作。第一年一切进展顺利。不久,德国爆发恶性通货膨胀。哈伯的雄心壮志来不及施展,他的研究所不得不收缩,只保留物理化学和胶体化学两个研究部门。1924—1925年,情况有了好转,又恢复了物理学研究部。这种局面一直维持到1933年。

德国在第一次世界大战期间靠借债维持军费开支,战败后又负担巨额赔款,导致战后爆发严重的通货膨胀。哈伯竭尽全力想帮助国家摆脱当时极其险恶的经济困局。他经过仔细考虑,认为发展新工业需要花很长时间,而影响德国经济恢复的最直接障碍,是1320亿金马克的战争赔款,这相当于约5万吨黄金。哈伯记得,瑞典著名化学家阿伦尼乌斯曾估计海水中有 80 亿吨黄金。他突然萌发了一个大胆奇异的想法：从海水中提取黄金以支付战争赔款。很难找出第二个像他这样地位显赫的人，有勇气甘冒声誉受损的风险进行如此大胆的探索。在正常情况下，他也不会这样做。哈伯对多份公开发表的海水含金量数据进行考查，尽管相差较大，但数据显示金的含量在每吨 5~19 mg。这让哈伯甚为惊喜，认为海水提金的前景乐观。因此，1920 年，他决定尝试从海水中提取黄金。不久，耶尼克带领由几十位经验丰富的化学家组成的研究小组，开始从事分析方法和设计提取工艺等方面的工作。1923 年哈伯和 4 位科学家乘坐一艘装有过滤设备和实验室的轮船，满怀希望地横跨北大西洋和南大西洋采集试样。但令他们万分惊讶和沮丧的是，他们发现海水中金的实际含量比原先估计的少得多。幻想破灭后，他决定弄清楚海水中金的真实含量。1924 年，他系统收集了海水试样，进行了精确的分析实验，最终测得海水的含金量不及原先估值的千分之一。1926 年，哈伯无奈地放弃了海水提金计划。他的兴趣转向海洋学，1927 年，他乘一艘研究船研究海水中金的深度分布以及与浮游生物分布的关系。1928 年，随着考察的结束，海水提金悲剧的帷幕完全落下。

海水提金计划的失败，给哈伯带来巨大的失望和痛苦。他在没有搞清楚海水中金的真实含量的情况下，就匆忙从事提金工艺过程的研究。在早期阶段，哈伯对天然海水的研究甚少。战后德国的航海受到严格限制，获得可靠的海水试样无疑变得非常困难。哈伯高估了 19 世纪分析化学家的实验结果的价值，过分相信从这些前人的混乱数据中推算出来的金含量。此外，德国不断恶化的经济形势及鲁尔区被占领，促使哈伯急于设计出黄金提取工艺，以尽早投入实际生产。

战后，哈伯的研究所成为世界上最大的研究中心。在原子物理学、光谱学和胶体化学等领域，取得了重要成就。哈伯本人也在化学反应机理和光化学反应机理等新领域取得进展。1912—1933年，他的研究所共发表700多篇原始研究论文。60多名成员中，差不多一半是外国人，他们和哈伯建立了深厚的友谊。哈伯研究所的重要性，远远超过了它的研究成果。在卡尔斯鲁厄初期，哈伯就重视学术讨论会。在达荷姆，两周一次的学术讨论会成了研究所生活的重要组成部分。它影响很大，参会者不仅有柏林的化学家和物理学家，还有来自德国偏远地区的科学家，甚至国外的学者。在讨论会中，哈伯具有超乎常人的敏锐的洞察力，能迅速准确地抓住问题的本质，从而将讨论引向最有利的方向。

哈伯为了国家利益，施展了他巨大的影响力。战后德国的科研和教育受到通货膨胀的严重打击。他认识到科学研究和教育是德国复兴的关键。他发动了声势浩大的拯救德国科研和教育的运动。面对严峻的形势，他提出了支持科研和教育的金融计划。他创建了德国科学救助协会，在教育部的领导下，这个协会联合政府部门、知名学会、大学和其他研究机构，向国家争取拨款。哈伯是这个协会的实际领导人。哈伯也致力于德国化学家和其他国家化学家的友好关系。在战后充满仇恨的气氛中，这无疑是一项异常艰巨的任务。1928年，经过不懈的努力，哈伯终于成功创建了德国化学联合会。

他以德国化学联合会主席的身份，在1929—1933年担任国际化学联合会德国代表，因杰出的才能和对事业的挚爱，获得了极高的评价。他迫切希望和法国化学家建立良好的关系，他的努力得到法国化学家的积极响应。

1933年，纳粹党执掌德国政权。当局的反犹排犹法令要求他辞退在研究所工作的全部犹太人，他拒绝照办，并愤而提出辞职。他在辞职信中写道："40多年来，我一直以智慧和品德为标准选择合作伙伴，从不过问他们的种族。在我的余生，亦不希望改变这种用人方法。"化学家、军人、爱国者的哈伯，成了犹太人哈伯。不久，他离开德国，应剑桥大学化学教授波普邀请前往讲学，并在卡文迪许实验室做短期研究。虽身在异国，哈伯仍心系祖国。他的健康，每况愈下。为躲避英国严寒的冬天，几个月后，移居瑞士，他的精神和身体都完全崩溃了。1934年1月29日，因心脏病突发，哈伯在瑞士巴塞尔逝世，享年65岁。1935年在他逝世一周年的时候，德国多个著名学会在普朗克的领导下举行了纪念会，500多位学者不顾纳粹的反对，冒着危险，聚集在达荷姆缅怀哈伯。历史也会永远记下哈伯的成就、是非和无奈。

(作者：张清建)

朗缪尔

表面化学的开拓者

欧文·朗缪尔
(Irving Langmuir, 1881—1957)

1932年诺贝尔化学奖得主欧文·朗缪尔是第一位在工业实验室工作而获得诺贝尔奖的科学家。从1909年起，他在美国通用电气公司研究实验室工作了41年，从白炽灯改进工作开始，他在技术研发和基础科学理论研究两个方面都取得了丰硕的成果。朗缪尔的科学道路透射出他所处时代美国工业研究实验室与基础科学研究之间的联系，尤其是科学家在工业研究实验室中新角色的形成。

　　1934年，朗缪尔偕夫人开始环球之旅，途中到访我国，受到热烈欢迎，朗缪尔参观学术机构、与学者们座谈交流，并发表演讲。朗缪尔在我国的学术活动从一个侧面反映了我国20世纪30年代的科学交流情况。

一、朗缪尔生平

　　1881年1月31日，朗缪尔出生于纽约市的布鲁克林区。父亲从事保险业，母亲是一位名医的女儿。朗缪尔在四弟兄中排行第三，大哥阿瑟对他青少年时期的兴趣爱好和学习生活影响颇多。

　　朗缪尔6岁时，阿瑟从学校带回一瓶自制的氯气，他让朗缪尔闻一闻，朗缪尔却猛吸一口，窒息过去，几乎送命。从那以后，父亲定下规矩：严禁把化学物品带回家。事实上，这次事故不但没有吓退朗缪尔，反而进一步激发了他的兴趣。也许是从这时开始，化学进入了他的血液,并逐渐成为他的生命。9岁时,鉴于朗缪尔对化学的强烈爱好,父亲准许他在阿瑟的引导下,在家里的地下室建立一个小实验室,还挂起"欧文工作室"的牌子。兄弟俩最喜欢的实验是把氨气和碘混合起来放在家中各处,这样母亲和弟弟迪安经常碰到对人无害的轻微爆炸。母亲没有制止他们,还很为朗缪尔感到自豪:"欧文生来就是一个科学家,我保证,他将闻名于世。"

1892年,由于保险业务的拓展,朗缪尔的父亲被派往巴黎工作,全家也搬到巴黎。在巴黎,朗缪尔先后被送入当地几所学校上学。在这些学校里,严格的课堂纪律使朗缪尔甚为拘束。朗缪尔时常抱怨每天必须要学3小时的拉丁文,每周却只有2小时的算术课。从这时起,朗缪尔开始学习代数、几何等数学知识,他每天还会花上一两个小时在化学实验室,跟老师一起做实验。1893年,朗缪尔一家到瑞士度假,阿瑟第一次带他登山,从此朗缪尔爱上了这项运动,这为他晚年研究人工降雨做了间接准备。

1895年,14岁的朗缪尔随同已获化学博士学位的阿瑟回到美国费城,进入栗树山中学学习。根据入学成绩,朗缪尔被允许免修全部化学课程。当时的中学校长后来曾说过:"回忆起来,在我全部的教师生涯中,没有一个学生像我们的欧文那样如饥似渴和精力充沛地追求科学知识。毫不奇怪,如此执着地探求和追求必定会产生丰硕的果实。"

一年后,朗缪尔进入普瑞特艺术学校,并于1899年毕业。同年,朗缪尔进入哥伦比亚大学矿业学院冶金工程专业学习。朗缪尔选择该专业的理由是"该专业化学背景强,所修物理课程比化学多，数学课程比物理还多，这三门课我都想学"。

在哥伦比亚大学，朗缪尔给同学们留下的印象是一个十足的书虫。他不加入任何俱乐部，不担任社团职务，不参加体育比赛，更从未参加过同学聚会，但他3年的平均成绩却达到了94分。即使这样优异的学习成绩，也没有多少老师注意到他，只有伍德沃德博士觉察到了他的科学禀赋。在一次课堂上，伍德沃德问道："你们将来最想做什么？你们要选择什么样的职业？"朗缪尔回答："像开尔文勋爵那样，自由地从事研究。"伍德沃德异常惊喜，此后他特别留心朗缪尔，经常给他一些有挑战性的题目，而朗缪尔也乐此不疲。1903年6月，朗缪尔从哥伦比亚大学毕业，获得冶金工程学位。

毕业后，朗缪尔前往德国格丁根大学留学，1904年起，能斯特成为朗缪尔的博士导师。此时能斯特正在研制一种新型白炽灯，同时也在积极准备"热力学第三定律"的发表。能斯特被誉为物理化学之父，他也是那个时代少有的倾向于应用研究的科学家。能斯特的研究思想和风格影响了朗缪尔，他所开创的诸多研究领域后来也在朗缪尔手中得到发展。1904年，能斯特给朗缪尔的研究题目是不同气体在受热灯丝附近的反应。两年后，朗缪尔完成了以此为题的博士论文。但谁都没料到，这成了朗缪尔迅速增长的兴趣所在和丰富多彩创造的起点和基础。

1906年，朗缪尔受聘斯蒂文斯理工学院化学系，成为该系第三名教师。由于缺乏师资，朗缪尔的教学任务十分繁重。在写给弟弟迪安的信中，朗缪尔写道，"在斯蒂文斯理工学院真的很辛苦，过去的两个半月里，我一个人完成了足够让好几个人完成的工作量"。

尽管如此，朗缪尔在 1907—1908 年间还是对其博士论文课题做了进一步的研究，尤其是探讨了气体的反应速率问题。1946 年诺贝尔物理学奖获得者布里奇曼说："朗缪尔的这项工作，显示出他作为物理学家、化学家和工程师的直觉，如果这些结论能被其他实验所采用，必将产生更多、更有价值的成果。"

1908 年秋，在纽约召开的一个学术会议上，朗缪尔遇到了大学同学芬克。会议期间，芬克带朗缪尔参观了他当时供职的通用电气公司研究实验室。参观中，朗缪尔有幸结识了该实验室主任惠特尼。1909 年暑假，惠特尼邀请朗缪尔到通用电气公司研究实验室做短期研究。开始时，惠特尼并没有给他安排具体的研究工作，他先让朗缪尔在实验室里转转，再自己选择感兴趣的工作。暑假结束前，朗缪尔已对通用电气公司的研究工作产生了兴趣，他喜欢这里的研究氛围。当惠特尼伸来橄榄枝——正式任职邀请时，朗缪尔愉快地接受了。此后，他一直在此工作，并做出了一系列惊人的创造性发现：充气白炽灯的发明，表面吸附理论及表面化学理论的创建，等离子体理论的提出，人工降雨的实施，等等。1932 年起，朗缪尔任通用电气公司研究实验室副主任，1950 年退休，退休后他继续担任通用电气公司的顾问。

朗缪尔和大多数伟大的科学家的相似之处在于，20 岁到 40 岁之间迸发出巨大的创造力。但和大多数科学家不同的是，他的巨大创造力在四十几岁、五十几岁、六十几岁甚至七十几岁，还一直很旺盛。在 1909—1953 年的这 44 年中，朗缪尔在广泛的研究领域中取得了多项重大科学发现和技术发明，他的多产是令人惊叹的，他一生共发表了科学论文 200 多篇，获得专利 63 项。对于许多物理和化学工作者，《欧文·朗缪尔文集》至今仍是不可或缺的参考资料。

朗缪尔对社会事业也很关心，他曾发表保护自然原野和控制原子能的看法。1935 年他曾成为斯克内克塔迪市议会议员候选人。在两次世界大战中他都积极服务于政府。第一次世界大战中，他参与研制出潜艇探测装置，能有效地对付德国潜艇。第二次世界大战中，他发明了飞机高空飞行时防止机翼结冰的方法。他还发明了烟雾发生器，用以制造防护性烟雾，使陆上和海上成千上万的同盟国士兵和民众成功躲避敌军的轰炸，这是他的一大功绩。

朗缪尔一生荣誉等身。多所大学共授予了他 15 个荣誉博士学位，其中有哥伦比亚大学、普林斯顿大学、哈佛大学、牛津大学、爱丁堡大学等。从参加工作至 1950 年退休，朗缪尔获奖 22 次，除了 1932 年的诺贝尔化学奖，还有美国化学学会、英国皇家学会、法国科学院等多所知名学会和学院颁发的奖章。1929 年，他当选美国化学学会主席，1941 年当选美国科学促进会主席。此外，他还是美国国家科学院的院士和英国皇家学会的外籍会员。

1957 年 8 月 16 日，朗缪尔因突发心脏病辞世，享年 76 岁。为了表达对这位伟大科学家的景仰，美国阿拉斯加州的一座山被命名为朗缪尔山，纽约大学的一个学院被命名为欧文·朗缪尔学院，美国真空协会从 1978 年起颁发盖德－朗缪尔奖，以表彰在真空和表面科学研究中获得成就的科学家。在朗缪尔逝世 21 年后，英文《科学文摘》上发表了一篇评介朗缪尔的短文，作者在开篇写道："假若投票推选美国最伟大的科学家，稳操胜券的将是欧文·朗缪尔。"

二、充气白炽灯的研制

1879 年,爱迪生发明碳丝白炽灯,揭开了电照明技术发展的新篇章。由于碳丝白炽灯的低效率和短寿命,故而对白炽灯的改进一直在探索中。1911 年,通用电气公司研究实验室的库利奇利用可延展钨丝制成了真空钨丝灯,大大提高了灯泡的发光效率,使电照明技术又一次发生了根本性的变革。但随着电灯越来越广泛的使用,人们仍然希望电灯的效率更高,灯泡的寿命更长。

1909 年,进入通用电气公司研究实验室后,朗缪尔加入了白炽灯改进的队伍,试图攻克真空钨丝灯的主要缺陷——通电后钨丝变脆、灯泡壁发黑等问题。当时有这样一个共识:灯泡内越高的真空,就意味着是越理想的灯泡。受这个观点的影响,朗缪尔与其他研究人员一样,从探索获得高真空的方法入手,试图通过获得更完美的真空来达到延长灯泡寿命的目的。但这样的探索是不成功的,两年多的时间过去了,理想灯泡还是天方夜谭。

在探索过程中,朗缪尔注意到惠特尼发现的一个现象:高真空灯泡中的残留气体有消失的迹象。朗缪尔由此产生了一个新的疑问:导致灯泡寿命短的是钨丝本身的问题,还是残留气体与灯丝作用的结果?他设想,如果增加气体,也许可以更容易观察到它们的作用。因此,他决定往灯泡内充入不同的气体,看看会出现什么现象。

这样,就在别人仍在为获得更理想的真空而努力时,朗缪尔开始往灯泡内充入各种气体:氢气、氧气、氮气、一氧化碳、水蒸气等。很快，他就发现，除了水蒸气，充入灯泡的其他气体都不会导致灯泡变黑。另外，当灯泡内充入少量氢气时，朗缪尔观察到，在高温下氢气会逐渐消失。经过研究发现，氢气在高温下被分解成氢原子，进而吸附在了灯泡的内壁上。这样，朗缪尔对混有水蒸气的灯泡致黑现象就有了初步的认识，水蒸气分子与热钨丝接触产生易蒸发的氧化钨；在高温下，水分子又被分解，生成的氢原子吸附在灯泡内壁上；具有高度化学活性的氢原子与氧化钨反应，生成了水蒸气和钨。生成的水蒸气与钨丝作用……这个过程的持续进行使越来越多的钨沉积在灯泡内壁上。

水蒸气是不是灯泡致黑、寿命缩短的唯一元凶？在进一步的实验中朗缪尔发现，高温下钨丝本身也会不断蒸发并导致灯泡内壁变黑。也就是说，即使能获得理想的真空，也无法进一步延长灯泡寿命。

随后，朗缪尔再把一个大气压的氮气引入灯泡，奇迹出现了，灯丝在接近其熔点的温度所维持的时间比在真空下延长了很多，热损耗也大大降低了。原来，氮气的存在使钨丝蒸发速率减慢，而且蒸发的钨原子在与氮气分子的碰撞下又回到了灯丝上。

充入氮气的白炽灯寿命超过了 1000 小时，发光效率比真空灯提高了 30%—40%，其效能达 17.4 流明。后来，朗缪尔发现充入氩氮混合气体，制得的白炽灯的效果更佳。这种充气白炽灯不仅寿命长，还比真空灯泡发出更多的白光，其在 50 瓦以下发光效率虽提高不多，但在 50 瓦以上效率明显提高，甚至能达到真空灯的两倍。1913 年 4 月 19 日，朗缪尔获得"白炽灯专利"。

1928 年，在获珀金奖章的演讲中，朗缪尔回忆其研究思路时说："科学研究有一个很重要的原则是，当遇到不利因素阻碍理想结果的出现，而不利因素又是无法避免的情况时，一个好的实验方案是反其道而行，有意识地增加这些不利因素，放大其所产生的不利结果，这样就可以发现，避免这些不利因素是不是有价值的。比如，如果有一个灯泡，里面的真空已经足够理想，但是为了制造出更理想的灯泡，就不要再去设计继续改善真空环境的方案了，而是应该按已掌握的方式尽量去破坏灯泡内的真空环境，那么就可能发现，改善真空是不必要的，或者真空还需多大程度地去改善。"

三、表面化学领域的开拓

表面化学是 20 世纪初期逐渐形成的一个新学科，但其研究的一些现象则是早已熟知的，如蒸发、凝聚、吸附等。1902 年杜瓦发现，冷却在液态空气中的活性炭能够滞留大量的氧气和氮气，当时认为这是由活性炭的细微裂纹状态所决定的一种表面作用现象。杜瓦的解释是，这些气体是被压缩、凝聚在活性炭表面。此后，很多学者对固体表面吸附气体的现象做过定性描述，但他们的理论只触及该领域的边缘，不能说明吸附是如何发生的，无法解释吸附的机制。

朗缪尔在研制充气白炽灯过程中开始关注吸附现象。他发现，在充有少量氢气的灯泡中钨丝温度达到 1500 K 时，氢气会慢慢消失。此后，朗缪尔对这类过程进行了长达 15 年的实验和理论研究。他认识到，高温下氢气离解成氢原子，这些氢原子会吸附在灯泡内壁上，且灯泡内壁只能吸附有限量的氢原子。进一步地，他在液态空气温度下测得被吸附氢的最大值，并由此推断吸附氢的最大量是在灯泡内壁形成单原子层。朗缪尔说："这些实验对于致力于改善灯泡性能的人来说，几乎都是无用的，甚至是愚蠢的。"但是，在这些"愚蠢的"实验中，朗缪尔认识到吸附气体的量限制在单分子厚度，迈出了认识吸附现象的关键一步。

1916年，朗缪尔发表论文《固体与液体的结构和基本性质》，提出固体表面吸附气体分子的单分子吸附层理论。他认为固体表面原子对气体分子吸引力的本质，是固体表面原子的剩余价力的存在。如果固体表面已吸附了一层气体分子，剩余价力就饱和了，不能再吸附第二层分子。剩余价力的大小决定了固体吸附剂对气体分子吸附的强弱。他指出，吸附作用是气体分子在吸附剂表面上凝聚和蒸发两个相反过程的平衡。由此，他推导出著名的朗缪尔吸附等温式，不但适用于气固表面的吸附，而且很好地推广到液固界面以及气液、液液流动界面的吸附，成为表面科学中的一个重要理论。

朗缪尔对液面上有机膜做了深入的研究。1916—1917年间，他完成了著名的水面油膜实验。随后，他完成了高级脂肪酸、醇、酯等不溶性膜在水面上的定向吸附实验。朗缪尔发现了单分子膜压，其大到能轻易推动浮在水面上的纸带。据此，朗缪尔发明了水平式膜天平。这种膜天平结构简单，使用方便，测量精确，至今仍是研究单分子膜的重要仪器。在分子结构研究中，膜天平也发挥过重要作用。当时尚无其他测量有机分子大小的可靠方法，而膜天平已可相当精确地测量出直链脂肪酸、醇及酯中碳原子间的垂直距离。约

10年后，缪勒等科学家才通过X射线的方法证实了朗缪尔的结果。借助膜天平，朗缪尔开拓了单分子膜性质和分子结构这一新的研究领域。

朗缪尔发展了一系列研究膜的技术，研究了气态膜、液态膜、固态膜以及复杂的蛋白质膜，测定了各种膜分子的取向、分子截面等。这一系列工作对了解润滑油的作用、矿物浮选的机理、泡沫和乳状液的稳定性等有广泛的应用。他研究蛋白质的实验技术被许多生物化学家和生物物理学家所采用。他对活化吸附和表面的催化活性的研究成果，影响了催化的吸附理论。

朗缪尔还发现，有些膜内分子能自由运动，就像气体中的分子那样，差别仅在于在膜内它们只能做二维方向上的运动，而在气体中它们能做三维运动。这一发现，在化学研究中开辟了一个崭新的重要研究领域：二维空间中物质状态的研究。朗缪尔关于二维理想气体的概念、方程及其动力学的解释，在物理化学中也有深刻的影响。二维理想气体方程除了在一般单分子膜研究中应用，还可用来测定高分子化合物（如蛋白质）的相对分子质量。这一发现不仅提供了关于分子结构的信息，还可以获得分子中和分子间作用力的有价值的信息。

朗缪尔建立了表面化学的基本概念、理论、研究技术和方法，拓展了表面化学的研究和应用领域，他研究蛋白质的实验技术被许多生物化学家和生物物理学家所采用。人们还认识到，由于生理上的众多化学反应恰恰是表面反应，表面化学也是理解和驾驭它们的基础。今天，表面化学促进了许多工业和技术的发展，如能源开发

（包括石油开采、煤流态化、太阳能利用）、催化、矿物浮选、胶片生产、印染、色谱、液膜分离、海水淡化、农药的分散和乳化及其应用、泡沫灭火以及人工降雨等。

因对表面化学所做的发现和研究，朗缪尔获得了1932年诺贝尔化学奖。瑞典皇家科学院的瑟德鲍姆教授在诺贝尔奖颁奖词中肯定了朗缪尔对表面化学的开创之功，他说："当前，大批科学家正在这一研究领域勤奋而成功地工作着，然而，在已开垦出的土地上耕耘的人不管多么勤勉，更高的荣誉属于第一个人，属于开拓者。"

四、朗缪尔的环球之旅

1934年10月，应日本电气学会的邀请，朗缪尔偕夫人乘坐轮船从西雅图出发，赴日本讲学。其后，他先后造访了中国、越南、柬埔寨、缅甸、泰国、埃及、西班牙、意大利、法国等地，1935年3月回到美国纽约。朗缪尔夫妇参观了诸如富士山、故宫、颐和园、玉佛寺、吴哥窟、金字塔等名胜古迹，目睹了世界不同地域的风土人情和社会文化。

朗缪尔在日本逗留约一个月，游览了东京、别府、仙台、大阪、神户、京都、福冈、广岛等地，围绕三个主题在日本各地共作了八次学术演讲，这三个主题是基础工业研究、低压气体放电以及表面化学。朗缪尔还在东京的无线电台发表广播讲演《水面上的油膜》。11月7日，朗缪尔在日本作第一次演讲，11月29日作最后一次演讲，并被日本电气学会选为名誉会员。

日本讲学结束后，朗缪尔夫妇来到我国，他们经奉天（沈阳）

到北平（北京），然后到上海。在北平期间，应在北平的高等教育机构、学术研究机构和学术团体——清华大学、北京大学、燕京大学、北平协和医学院、北平研究院、中华教育文化基金董事会、中国物理学会、中国化学会等联合邀请，朗缪尔参观了北平研究院物理学研究所，发表了两次演讲，并与我国学者热烈座谈交流。

朗缪尔于1934年12月8日抵达北平，9日他到访的消息见诸《北平晨报》《世界日报》《华北日报》《北方日报》《北辰报》等各大报端。10日下午，朗缪尔在北平协和医学院大礼堂作公开演讲，题目为"近代科学的态度"。到会聆听者多为教员及青年学生，会场极为拥挤，几乎没有立足余地。

当晚，朗缪尔讲毕，北平的高等教育机构、学术研究机构和学术团体联合设宴款待朗缪尔夫妇。

当日，《世界日报》对朗缪尔进行了大篇幅的介绍，除其演讲外，还介绍了两年前朗缪尔被授予诺贝尔化学奖的情景、朗缪尔的成长和求学经历、在日本演讲情况及朗缪尔所获得的荣誉。

11日下午4时，在北平研究院物理学研究所，中国物理学会、中国化学会以及北平研究院邀请朗缪尔与北平学者举行茶会，与会学者有梅贻琦、任鸿隽、饶毓泰、曾昭抡、李麟玉、顾毓琇等80余人。朗缪尔发表了约一刻钟的简短演讲，此次演讲的核心内容应该是有关表面化学[1]。朗缪尔演讲后，吴有训、杨树勋、周培源、严济慈等先后当场发问，与朗缪尔展开讨论。会后，中国物理、化学两

---

[1] 也有科技史论著称此次演讲题目为"高真空管壁上的电子发射与放电"。

学会再次宴请朗缪尔夫妇。

朗缪尔能够再次演讲,其间还有些曲折:

> 惟郎氏以此次在日本时日人招待极周,故对日本感想极佳,同时以受日人蒙蔽,以为我国根本无科学事业可言。故初来时对于参观学术机构及演讲之邀请,均一概托词谢绝,只允作通俗演讲一次,迄后偶往清华大学,始发现其最初观念之有误,迨与吴教授等深谈,乃知我国科学,虽甚幼稚,亦尚在亟求进步,非若日人所传云者之甚。于是遂自告奋勇,为北平学术界,于其离平之前一日,另作一次专门演讲。(《时事月报》1935年第12卷第2期)

12月11日的《世界日报》继续大篇幅介绍朗缪尔,此次主要介绍朗缪尔的科研工作,包括充气白炽灯的研制及氢原子的研究,辅之介绍朗缪尔的生平逸事,包括其滑雪、登山等爱好,最后还附上记者对朗缪尔的采访内容。

12月12日,朗缪尔夫妇离开北平,前往上海。

朗缪尔环球之旅的主要内容之一是赴日本讲学,他为在日本演讲准备了专门的演讲稿。在中国,他的受邀演讲则显得仓促。尽管朗缪尔来华前并不了解中国科学事业的真实情况,但是我国学术界还是积极努力把握这一难得的机会,促成了与这位科学大师的友好、热情和广泛的深入交流。交谈中,朗缪尔还对我国科学事业提出真诚的建议。"郎氏最初虽不免对我国有所误解,然一经了然后,即殊对我国科学界发生兴趣，且颇恨为日程所限，未能多作数次专门演讲，在茶余酒后之间，时以在模仿西方工业文明之外，宜努力于纯粹科学之发明为勉。"朗缪尔在华学术活动演讲中这一曲折经过，给吴有训留下了深刻印象，并引起他多方面的思考。十几年之后，当吴有训在中央大学任校长时，在对全校师生的讲演中，曾以此事件为例，鼓励我国学者用科学成果和实力为国家争取国际学术上的平等地位。

五、结语

朗缪尔是一位多产的科学大师，研究成果遍布基础科学和应用技术领域。充气白炽灯的研制是他在通用电气公司研究实验室早期取得的重要技术发明，与此相关，在技术上，朗缪尔发明了汞蒸气扩散冷凝泵——朗缪尔泵，提出原子氢焊枪原理等；在理论上，他探寻现象背后的科学机制，对吸附现象及其机制做出了清晰完整的解释，最终开拓了表面化学领域。朗缪尔在原子结构模型、原子价学说、热离子发射和气体放电理论、真空中液氮的制冷作用、等离子体技术、蛋白质单分子层研制等许多方面均有建树。诸多专项技术和科学术语以朗缪尔的名字命名，如朗缪尔探针、朗缪尔泵、朗缪尔吸附等温式等。

朗缪尔的成功因素是多方面的。少年时期，他得到父亲的理解，母亲的鼓励，哥哥的引导，这些使他的科学兴趣和天赋得以自由展现。求学阶段，他的勤奋与执着又得到了老师们的鼓励。进入研究阶段，他受益于导师能斯特在研究思想和道路上的指引，领导惠特尼的赏识与信任以及通用电气公司研究实验室自由宽松的工作氛围。20世纪初期，技术发明越来越科学化，美国的工业实验室对高学术水平的研发人员的需求也越来越大，学术性的自由研究活动也逐渐在这类实验室展开。朗缪尔是工业实验室中这种学者型研究人才的先驱。客观上，现代工业研究实验室精良的技术设备，也为越来越技术化的现代科学研究创造了条件。

朗缪尔的研究活力从青年一直持续到老年，70多岁时，他还做出惊人之举——实施人工降雨，这让他很快成为美国家喻户晓的科学名人。朗缪尔对自然现象及其本质有强烈的好奇心，他说："我最大的爱好就是从简单、熟悉的自然现象中去领悟其中的内在机制。"在研究中，对简单实验的执着是朗缪尔的工作特色之一。朗缪尔常常用简单精巧的仪器设备来研究各种复杂的自然现象。研究表面膜时，他仅用纸片、金属丝、玻璃槽等便揭示出分子膜压力的存在。朗缪尔还善于抓住现象背后的本质，并持之以恒地深入探索。难怪有学者做出这样的评价："在朗缪尔之前和以后，大概还没有一个科学家用如此简单的研究设备，却能获得这样多新颖而又重要的成果。"

作为在企业中工作的科学家，朗缪尔的理论研究成果大多都在技术上获得了应用，但同时，他在技术发明和改进中也没有忽视基础科学问题的研究。从这一点看，朗缪尔对我国学者的建议——在学习技术的同时致力于基础科学研究——可谓其经验之谈。

（作者：林信惠　李艳平）

施陶丁格

高分子化学的奠基人

赫尔曼·施陶丁格

(Hermann Staudinger, 1881—1965)

施陶丁格这个名字，总是与高分子化学密切联系在一起的。1953年，他因在这一领域的开创性成果荣获诺贝尔化学奖。他提出的聚合物结构理论，以及对生物大分子的研究，为高分子化学、材料科学和生物学的现代发展奠定了基础，同时促进了塑料工业的迅速成长。今天，施陶丁格的理论还在不断地刺激着现代科学和技术的进步，他的高聚物"分子设计"思想，仍是研制新结构、新功能高分子材料的重要基础和指南。

一、早期的工作

赫尔曼·施陶丁格1881年3月23日生于德国沃尔姆斯，其父弗朗茨·施陶丁格是新康德主义哲学家。由于对植物学和显微镜感兴趣，1899年中学毕业后，施陶丁格进入哈雷大学跟随克勒布斯教授攻读植物学。他的父亲告诉他，只有学好化学，才能更好地研究植物学问题。施陶丁格听从父亲的劝告，转而学习化学，但他依然对植物学怀有浓厚的兴趣。他后来在高分子化学方面的许多成果，对植物学和生物学领域都产生了重大影响，他一直不断地在探索化学和植物学、生物学之间的联系。施陶丁格在哈雷大学待的时间很短。1899年秋，其父移居达姆施塔特，施陶丁格转学到达姆施塔特工业大学，跟随科尔布教授，学习了两个学期的分析化学课程。随后又到慕尼黑大学拜耳实验室学习了两个学期的有机化学。1901年，施陶丁格返回哈雷大学，在福伦德教授的指导下，从事丙二酸酯加成产物的研究。福伦德对施陶丁格的思想和生活方式都产生了深刻的影响。1903年夏，施陶丁格获博士学位，这时距他进入大学仅4年时间。这年秋天，他到斯特拉斯堡大学，任著名的有机化学家蒂勒的助手，在学问和人格方面都受到蒂勒的影响。这期间，他的工作是多方面的，但主要是研究将羧酸转化成醛的方法。1905年，他发现一类新的化学物质——烯酮，他用锌处理二苯氯乙酰氯，成功地分离和鉴别出二苯乙烯酮。

1907年春，施陶丁格向斯特拉斯堡大学提交了有关烯酮化学的任职资格论文，获得了在该大学授课的资格。1907年10月，他被卡尔斯鲁厄工业大学（今卡尔斯鲁厄理工学院）聘为副教授时，年仅26岁。在极短的时间内，他作为从事小分子有机化学研究的化学家，获得了令人瞩目的国际声誉。1912年夏，31岁的施陶丁格接替叶绿素化学权威维尔施泰特（1915年诺贝尔化学奖得主）任著名的苏黎世联邦理工学院教授，直到1926年。在这里，他结识了许多著名的科学家。其间，他先后谢绝几所大学的聘请。在卡尔斯鲁厄和苏黎世，施陶丁格除继续关注烯酮化学，还开始研究乙二酰氯、脂肪族重氮化合物、有机磷化合物、有机物的自氧化、药物合成、异戊二烯和丁二烯的制备与聚合等。施陶丁格发现叠氮化合物与磷烷反应可生成磷腈。这种合成磷腈的叠氮法，很快以"施陶丁格反应"闻名于世。

施陶丁格通过萜烯类化合物的热分解反应，很方便地制得了异戊二烯，并因此获得 3 项专利、发表 7 篇论文。通过类似的方法，施陶丁格对环己二烯进行高温热分解制取丁二烯。这些工作，对他后来从事聚合物化学研究大有帮助。施陶丁格发现，碱金属与卤化物混合会发生爆炸。他断言，这是因为形成了对震动极其敏感的体系，如四氯化碳和钠钾合金的混合物，其震动灵敏度约是雷酸汞的 200 倍。他认为，这种混合物可用作炸药的引爆剂。施陶丁格为此获得 5 项专利。然而，这种混合物在工业上的应用并不成功。与雷酸汞不同，这种混合物并不足以引爆三硝基苯酚和甘油炸药。

1910 年，施陶丁格开始研究生物小分子。他与卢齐卡（1939 年诺贝尔化学奖得主）合作，成功地分离出马提亚人使用的杀虫粉——除虫菊的有效成分。这种杀虫粉是用菊花粉通过石油醚提取制成的粉末。他们还测定出了除虫菊素的化学结构。施陶丁格曾尝试合成除虫菊酯，但没能成功。当时，便宜畅销的杀虫剂主要是六氯乙烷、二氯苯及稍后的滴滴涕，这些东西现在已全被淘汰了。而除虫菊酯是非常有效的杀虫剂，今天仍受到广泛的关注。施陶丁格的研究成果为现代除虫菊酯杀虫剂的发展，打下了坚实的基础。

第一次世界大战期间，协约国海军的海上封锁使德国天然胡椒的供应严重短缺。施陶丁格制备出哌啶及其一种氢化衍生物，他发现二者都具有典型的胡椒味道，并弄清楚了它们的分子结构与胡椒味道之间的基本关系。1917 年，施陶丁格研制的一种哌啶氢化衍生物成为商用的合成胡椒，改善了食品短缺的战争时期德国人的口味。第二次世界大战期间，施陶丁格的合成胡椒又恢复生产。施陶丁格认为，他的合成胡椒是非常令人满意的胡椒替代品，比之天然胡椒更优越。然而，在和平时期天然胡椒比合成胡椒价格更便宜。

合成胡椒取得的成功，刺激着施陶丁格解决德国战时天然咖啡供应中断的问题。施陶丁格和赖希施泰因通过高真空装置，从烤咖啡中成功地蒸馏分离出 70 余种芳香化合物。从这些大量的化合物中，他们惊奇地发现，咖啡香味中最重要、最有效的成分竟是痕量的糠硫醇。这种化合物在极低浓度下具有纯正的咖啡香味，而在高浓度下则因奇臭无比闻名于世。通过不断实验，他们将 40 余种化合物混合后稀释，得到一种具有典型咖啡味道的合成咖啡。第二次世界大战爆发前，德国一家公司推出了施陶丁格的合成咖啡。第二次世界大战后，施陶丁格才公开发表相关的成果。

施陶丁格在小分子化学领域取得了丰硕的成果，共发表研究论文 200 余篇，获专利 51 项。1920 年左右，施陶丁格开始对大分子化合物展开研究，尤其是聚甲醛、橡胶和聚苯乙烯。1926 年，施陶丁格接替威兰（1927 年诺贝尔化学奖得主）任弗赖堡大学教授，并担任化学实验室主任。从此以后，施陶丁格完全投入到高分子化学领域的研究中。1927 年，施陶丁格与拉脱维亚植物生理学家沃伊特女士结为夫妻，她既是施陶丁格生活上的亲密伴侣，又是事业上的得力助手。在妻子的帮助下，施陶丁格实现了早年从事植物学研究的愿望。

二、高分子化学研究

自古以来，人类在衣、食、住、行等诸多方面都依赖于天然高分子材料。但长期以来，人们对天然高分子物质如纤维素、蛋白质的本质并不了解。到 19 世纪,才开始了对天然高分子材料的化学改性。1839 年,古德伊尔偶然发现,发黏的天然橡胶通过硫化作用变成了弹性体,由此产生了橡胶工业。1832 年,法国人布拉科诺首次发现纤维素的硝化作用和硝化纤维素的爆炸性分解。1846 年,瑞士化学家舍恩拜因对硝化法进行重大改进,用硝酸和硫酸的混合液处理纤维素,得到了火药棉。舍恩拜因的方法是生产著名的无烟火药的基础。1885 年,法国的沙尔多内将硝化纤维素溶液挤压成形,纺成最早的人造丝,它与天然丝极为相似。由于硝化纤维素易燃,沙尔多内研究出多种脱硝方法,由此产生了早期的以纤维素为基础的人造丝。

1870 年,海厄特发现樟脑的可塑性作用,热塑性塑料有了突破。加入樟脑这种增塑剂后,硝化纤维素变得易熔、易处理和易于成形,这就是赛璐珞。它适合于制作梳子、玩具、牙刷、人造牙和电影胶片等。然而赛璐珞易燃、易爆、容易脆化。1907 年,贝克兰通过苯酚和甲醛在催化剂下的缩聚反应,合成了酚醛树脂,奠定了酚醛树脂工业化的基础。这种全新的人工合成树脂,是优良的电的绝缘体,俗称电木。

1826 年,法拉第研究天然橡胶的组成时,指出它的经验式为 $C_5H_{8.8}$ 或 $C_{4.5}H_8$。不久后他弄清楚了橡胶的分子式应为 $(C_5H_{8.8})_n$。几年后,他又发现天然橡胶能与溴发生加成反应,表明天然橡胶是不饱和化合物。1838 年,伊姆利干馏橡胶,分离出一种易挥发的物质。1860 年,威廉斯确定这种易挥发的物质的化学式为 C_5H_8。到 1892 年,蒂尔登进一步确定这种易挥发的物质是异戊二烯。

在施陶丁格开始他的开创性研究之前,"聚合物"和"聚合反应"这些术语早就在使用了。然而,其含义与现代是不相同的。1833年,贝采利乌斯最早提出"聚合物"一词。他认为,聚合物是指化学组成相同而化学性质不同的一类化合物。贝氏的"聚合物"概念,与现代高分子长链聚合物概念没有任何联系。当时的聚合物概念是含混不清的,包括异构体、同系物和多晶型物。例如,1866年,贝特洛加热乙炔得到"聚合物"苯和苯乙烯。由此可见,早期的"聚合物"概念,是指具有相同的化学组成、不同的相对分子质量和化学性质的一类化合物,没有考虑分子结构、相对分子质量和化学键。

1863年,贝特洛首次提出"聚合反应"的概念。他认为,那些能与氢分子、氯分子或水分子发生加成作用的分子也能够自身加成。1853年,贝特洛报道了蒎烯的热聚合和催化聚合反应。1869年,他发表了乙烯、丙烯、戊烯和蒎烯聚合作用的研究成果。在碱金属的存在下,乙烯被聚合生成高沸点的烯烃,他命名为聚乙烯。在硫酸存在下,丙烯通过聚合作用生成沸点在200—220 ℃的烯烃组分。佩希曼和班贝格尔分别在1899年和1900年报道,他们通过重氮甲烷的热分解成功制得了固体的聚乙烯。但是,当时没有人看出高密度聚乙烯巨大的工业价值,也没有人认识到聚合物中长链的存在。在贝特洛的"聚合反应"概念中,同样没有涉及化学键的本质和相对分子质量的作用等问题。

1861年,格雷姆创立胶体化学。由于聚合物的溶液黏性大,难以通过半透膜,加之没有固定的熔点和沸点,不易形成结晶,许多化学家相信它与胶体同类。因此，在 20 世纪初，聚合物的性质是根据胶体化学理论来解释的。人们相信，聚合物是小分子的物理聚集体。在小分子的自聚过程中，没有共价键的形成。这就是著名的束胶理论。它在一定程度上解释了聚合物的性质，因而得到化学家的普遍承认。

哈里斯自 1900 年开始从事橡胶结构的研究，长达 20 余年。他用臭氧法降解天然橡胶，得到乙酰丙醛。1905 年，哈里斯提出了橡胶具有环状结构的假说，认为天然橡胶的基本结构单元是异戊二烯，两个异戊二烯分子结合形成二甲基环辛二烯，彼此再通过双键中碳原子的"副价力"的作用，进行自聚而形成缔合物。这种由"副价力"作用形成的缔合物，具有奇特的性质，即黏度与浓度成非线性关系，倾向形成胶体溶液而不能结晶等。哈里斯的理论，依然建立在单体小分子的自聚而非它们之间形成共价键的基础之上，符合当时的束胶理论，获得了许多化学家的赞同。1914 年，皮克尔斯对束胶理论表示怀疑，首次提出天然橡胶是通过异戊二烯分子之间的"主价键"（即共价键）作用形成的聚合物。但是，他全然低估了天然橡胶的相对分子质量，并倾向认为形成的是没有端基的环状聚合物。

20 世纪初，费歇尔在蛋白质的化学结构研究中做出了杰出贡献。1906 年，他设想蛋白质是氨基酸单元之间通过共价键（肽键，—CONH—）形成的多肽，也就是说，肽键在多肽分子的长链中不断重复。1907 年，他合成了含 18 个氨基酸的多肽，相对分子质量为 1213，该多肽具有和天然蛋白质相似的化学性质。然而有趣的是，费歇尔在1913年还对相对分子质量超过4000的聚合物的存在表示怀疑。他不顾已有的实验事实，竟完全赞同聚合物的束胶理论。

在卡尔斯鲁厄和苏黎世期间，施陶丁格在异戊二烯的聚合、聚甲醛的合成和橡胶化学等方面，获得了大量的第一手实验经验。他发现乙烯酮、异戊二烯和苯乙烯等不饱和烯烃，不仅容易与其他物质发生加成反应，而且还能进行自身加成反应，这样所生成的物质虽然在化学成分上与原来的单体并没有什么不同，但在化学性质和物理、机械性能方面都表现出极大的差异。他意识到，这不是一般的有机合成，而是一种新型的反应，即加成聚合反应。1920年，他在《德国化学会会志》上发表了关于聚合反应的著名短文，提出了他的革命性学说。他认为，高相对分子质量的聚合物如聚甲醛、聚乙烯、聚氯乙烯和天然橡胶，都是由数目巨大的单体小分子通过共价键的重复连接而形成的线型长链分子。起初，施陶丁格并没有为他的假说提供令人信服的证据。他的许多同事既不赞同他的观点，也不支持他从事聚合物化学的研究。施陶丁格在他的自传中，提到他的朋友给他的忠告："亲爱的同事，放弃大分子的想法吧！相对分子质量超过5000的有机分子是不存在的，提纯您的产品如橡胶，它们会结晶，并转化为低相对分子质量的化合物。"施陶丁格还写道："那些熟知我早期在小分子化学领域工作的同事，都责问我为什么要放弃这些前景美好的领域，去研究那些令人生厌和令人疑惑不解的化合物，如橡胶和合成聚合物。当时，根据这些物质的性质，它们被称为油脂化学。"

施陶丁格认识到了油脂化学巨大的潜在研究价值，勇敢地接受了这一新学科的挑战。1926年移居弗赖堡大学时，他以极大的勇气，放弃之前的研究领域，全力转向聚合物的研究。同时，这也标志着数十年激烈争论的开端，他遭受到许多来自不同学科的同事及旧理论的拥护者的猛烈批评。

按照哈里斯的假说，橡胶是二甲基环辛二烯通过双键中碳原子的"副价力"作用形成的缔合物。若将橡胶氢化，双键加成时加成作用会使"副价力"消失，橡胶就应在这些位置纷纷断开，得到的产物将是一种低沸点的小分子环状烷烃。而施陶丁格断言，橡胶加氢后生成橡胶的氢化衍生物，和橡胶一样是长链分子，依然具有高的相对分子质量。1922年，施陶丁格和弗里奇制出氢化橡胶，发现其性质与天然橡胶差别极小，尤其是它不能蒸馏，能像天然橡胶一样生成胶体溶液。这是证明长链聚合物存在的最早的实验证据。当年在一篇关于氢化橡胶的论文中，他们首次使用"高分子"这一术语。1924年，施陶丁格给"高分子"下了一个明确的定义："这种分子间形成的胶体粒子，与主价键粒子完全相同。换言之，胶体分子中的每个原子都是通过共价键的作用相连。为了更好地区分，我们称之为高分子。还应该指出的是，这些胶体粒子是真正的分子，而且事实上，你也休想用别的任何试剂使之变成我们通常所说的那种典型的低分子溶液。"

他接着研究了聚苯乙烯和聚甲醛，测定了这些聚合物溶液的黏度。他曾先后在多种学术会议上宣读他的研究成果和阐述他的观点。他的观点遭到了束胶理论拥护者的激烈反对，其中包括许多著名的化学权威。他们认为，没有必要提出高分子假说，因为不可能存在高分子。这些物质具有的独特的、反常的性质，如高熔点、低溶解度和在溶液中高的黏度，完全可以根据束胶理论进行解释。他们争辩说，高的黏度并不是高的相对分子质量的直接证据，只能说明它们在溶液中是以胶粒聚集体的状态存在，许多胶体溶液和一些金属的氨配合物的溶液都有高的黏度。

施陶丁格的高相对分子质量聚合物理论，还遭受到结晶学领域的许多权威科学家的激烈反对。他们坚信，整个聚合物分子必须与晶胞大小相一致，而晶胞太小了，无法容纳下这样巨大的分子。波拉尼在1921年发现，纤维素的晶胞很小，只能容纳4个葡糖基；1923年，布里尔对丝蛋白进行结晶学研究，通过计算得知，其晶胞只能容纳相对分子质量为400—500的蛋白质分子。1926年，在杜塞尔多夫会议上，著名的晶体学家尼格里非常自信地向施陶丁格保证，不可能存在比晶胞大的有机分子。

就在1926年，斯韦德贝里和福雷乌斯在《美国化学会会志》上发表了题目是"一种测定蛋白质相对分子质量的新方法"的论文。他们首次用超离心机成功测定羟基和羰基血红蛋白的平衡沉降，结果表明，相对分子质量是元素分析最低值16700的3.75—4.25倍。这一工作，为蛋白质化学中证明大分子的存在提供了关键性证据。

施陶丁格希望在弗赖堡大学安装一台超离心机，以便直接获取合成聚合物大分子或天然大分子结构的直接证据。然而，德国自然科学基金会拒绝他的资金申请。绝望之中，施陶丁格只好转向黏度测定。他深知，由于在理论上没有弄清楚黏度与相对分子质量之间的关系，将黏度测量数据作为大分子存在的证据，往往难以让人满意。1929年，他成功地推导出高分子稀溶液的特性黏度 η 与相对分子质量 M 之间的线性关系式，即著名的施陶丁格定律 $\eta=K_mM$，K_m 是溶剂常数，可通过已知相对分子质量的溶质计算，然后用于被测的未知相对分子质量的聚合物。这是一种简便快捷的测定相对分子质量的方法，它不需要昂贵精密的仪器。施陶丁格的黏度测定法，被广泛地应用于工业生产和聚合物的研究。

施陶丁格一直试图为长链高分子的存在找到一种更直观有力的证明。他让他的学生西格纳测定溶液中大分子的形状。西格纳设计了一个简单的仪器，使用流动双折射技术，成功地测量出一个长链分子的长度与宽度的近似比。

晶体学家通过天然纤维素的X射线衍射图发现，晶体的对称性在纤维轴向上的伸展远超过单个晶胞，甚至超过一个晶粒。20世纪30年代，美国杜邦公司的化学家卡罗瑟斯按照缩聚反应原理，利用分子蒸馏技术，合成出相对分子质量超过20000的超聚物，通过定量测定反应中消去的水，还能估算出长链分子中的链节数。在1934—1937年间，普梅雷尔从天然橡胶的降解产物中，分离出微量的端基化合物，直接证实了天然橡胶的线型长链分子结构。施陶丁格的长链大分子学说得到进一步的支持。

早在1926年，施陶丁格就认识到生物体中高分子化合物的重要性。他感觉到传统的有机化合物的分离和鉴别方法根本不能适应对这些化合物的研究，致使化学家们"仅仅是站在有机化合物研究的入口处"。他认为，生命过程是与以酶和蛋白质的形式存在的高聚物密切相关的。1936年，他在慕尼黑的演讲中指出："每个基因大分子都具有一种十分明确的结构图，决定了它在生命中的功能。"施陶丁格为了获得生物大分子存在的直观证据，使用了紫外相衬显微镜和电子显微镜。1939年，他的夫人和考施描述了糖原的球形分子构型。1942年，施陶丁格和两位同事获得了直径10 μm糖原粒子的电子显微图谱，根据渗透压法测算出它的相对分子质量为150万。

施陶丁格的高分子概念，最终为化学家所接受。他对聚合物的结构和性质、聚合物的合成方法、聚合机理等进行了广泛的研究。在高分子化学领域，共发表论文600余篇。他的基础研究对高分子工业的发展产生了重大的影响。

三、施陶丁格的晚年

为了促进高分子化学和聚合物科学新领域的发展，施陶丁格费尽心血。1940年，他在弗赖堡大学创立高分子化学研究所，这是欧洲第一个完全致力于聚合物研究的科研机构。1943年，他创办第一份聚合物期刊《高分子化学学报》，为这一新领域的研究者搭建了交流研究成果的平台，第二次世界大战后更名为《高分子化学》，最后改名为《高分子化学与物理》。施陶丁格还编写出版了多部高分子化学著作，如《高分子有机化合物》《高分子化学、物理与技术进展》《高分子化学》和《高分子化学与生物学》等。1950年，施陶丁格举办有学术界和工业界的科学家参加的高分子学术讨论会，如今的"施陶丁格高分子讨论会"是德国最大的学术年会，每年吸引众多与会者。

施陶丁格清楚地意识到，技术的突破与社会的重大变化是密切相关的，特别是化学的划时代进步，会对人类生活产生重要影响。因此，他非常关注技术进步的后果。1917年，他发表以"技术与战争"为主题的文章。他预言，美国会在1917年参加第一次世界大战，使协约国的技术力量显著增强，德国在一战中的失败会成为定局。当时，俄国刚签署和约退出战争。德国人自信能赢得这场大战，但他们没有看到在士兵、大炮、飞机等力量对比中，德国已处于劣势。施陶丁格根据他的力量评估结果，建议德国高层停止战争，立即开始和平谈判，但他的建议没有被采纳。在第二次世界大战中，施陶丁格预言，苏联的工业化和美国参战使盟军力量占绝对优势，德国将在1943年左右战败。然而，在第二次世界大战期间，施陶丁格受到严密的监视，他不敢公开发表观点。第二次世界大战以后，施陶丁格出版了一个小册子。他指出，技术和核能将对人类产生非常重大的影响。他认为，在没有技术支持的时代，人类被迫为生存而战，随着技术的不断进步，人类没有理由进行战争，因为可以通过和平利用这些技术力量来保障生存。因此，首要的任务是确保和平，技术在控制之下可以完全为人类的福祉服务。

第一次世界大战期间，施陶丁格以极大的勇气，公开反对德国发展大规模的杀伤性化学武器，指出人类在化学战中将遭受难以忍受的痛苦。他严厉谴责他早年的好友哈伯与德国军方合作，领导和推动德国化学武器的研制。当时，民族主义情绪和战争狂热在德国空前高涨，施陶丁格的和平主义和反战态度遭到许多德国人的质疑。1926年，他受聘弗赖堡大学教授时，校方要求他宣誓表明对德国的效忠，他照办了。纳粹党掌握德国政权后，弗赖堡大学校长、著名哲学家海德格尔根据施陶丁格在第一次世界大战时期的"不爱国"言行，怀疑他对德国和纳粹党必怀二心。1934年，海德格尔提议州政府解雇并流放施陶丁格。施陶丁格受到盖世太保的讯问，并受到死亡的威胁，他被责令写下放弃从前主张的保证书。他受到屈辱和压制，不允许出国旅游和讲学，研究工作受到干扰。他不愿与纳粹集团同流合污，但也不敢与之为敌，不敢宣传他的和平主义和反战主张。由于塑料是德国重要的战略物资，施陶丁格才幸免于难，是第二次世界大战救了他一命。1944年11月27日，弗赖堡城遭受盟军持续大轰炸，施陶丁格创立的高分子化学研究所被夷为平地。许多与研究相关的有价值的手稿，受到不可弥补的损失。所幸的是，他的一些重要的实验记录保存在他的私人住宅中，躲过了战火的浩劫。经过艰难的重建，到1947年，高分子化学研究所才恢复正常工作。

1951年，施陶丁格任弗赖堡大学荣誉教授和高分子化学研究所荣誉所长，直到1956年75岁生日时正式退休。由于在高分子化学领域的杰出成就，他获得欧洲多所著名大学的荣誉博士学位，还获得过费歇尔奖、康尼查罗奖和米希尔里希奖，1953年获诺贝尔化学奖，达到一生荣誉的顶峰。在经受长期的病痛折磨之后，1965年9月8日，施陶丁格在弗赖堡的家中与世长辞，享年84岁。

（作者：张清建）

鲍林

献身于科学与和平事业的杰出化学家

莱纳斯·鲍林

(Linus Pauling,1901—1994)

现代化学奠基人之一、著名的美国化学家莱纳斯·鲍林，曾两次荣获诺贝尔奖，一次是1954年诺贝尔化学奖，一次是1962年诺贝尔和平奖。在科学领域，他把量子力学运用于分子结构和化学键特性的研究，获得了重大成就，成为量子化学的创始人之一。他在蛋白质结构的研究中，提出了分子模型的方法，解决了蛋白质多肽链构型的测定问题，对分子生物学和生物化学的发展做出了划时代的贡献。他的科学成就不仅推动着化学发展，也促进着生物学和物理的发展。鲍林还是一位坚强的和平战士。第二次世界大战后，他为在世界范围内结束战争，谋求和平，唤起公众对大气层核试验所释放的危险放射物质的注意，并为促使科学技术成就造福人类而进行了持久的斗争。

一、从小立志献身化学

　　莱纳斯·鲍林，1901年2月28日出生于美国俄勒冈州波特兰市，父亲是一位药剂师。小鲍林年幼好学、聪颖机敏，他很小就注意到父亲的药柜里的那些药粉、药膏等制剂，父亲告诉他这些都是化学药品。鲍林惊叹于化学药品的魔力，它们竟能治愈病人。父亲在向他介绍药品知识时，并没有意识到自己的儿子将成为一位伟大的化学家，他在鲍林9岁时就不幸去世了，但他却对鲍林后来走上化学研究的道路起了潜移默化的作用。

11岁那年的一天，鲍林到他的同学杰夫里斯家去，杰夫里斯在自己家中的实验室里做了一些化学实验给鲍林看。他把氯酸钾与糖混合，然后加入几滴浓硫酸。这个反应会产生蒸汽和碳，并且作用极其强烈。这个实验给鲍林留下极为深刻的印象，使他惊奇得出了神。几种物质放在一起竟会出现这样奇特的现象。一种化学物质能变成另一种性质明显不同的物质。"它使我意识到在我周围的世界还有另一类变化存在。"鲍林在回忆当时的情景时说道。自此以后，鲍林那幼小的心灵中就萌生了对化学的热爱。

鲍林还得到一位实验室仪器保管员的帮助。这位保管员给他提供了一些简单的仪器和药品。同时他父亲的朋友又给了他一些化学药品，并教给他用药品杀死昆虫制作标本的知识。鲍林这时已经知道可以用硫酸处理某些化学药品。这样，鲍林很小就有了一些初步的化学知识。

鲍林关心周围的事物，细心观察各种现象。鲍林13岁时，有一天打着伞在路上走，突然他通过伞看到一条弧形的彩色光带，并注意到通过伞面上的线缝衍射产生的光谱。他还注意到光线通过玻璃的折射现象，但并不了解这些现象背后的原因。这也使他产生了兴趣，企图寻找光谱的起源。当鲍林升入高中时，他经常到实验室去做实验。他已经深深地爱上了化学，决心献身于化学事业。此外，他对物理和数学也很感兴趣。

1917年，鲍林考取了俄勒冈州立大学化学工程系。他认为，学工程正是化学家所从事的职业，正是实现他成为化学家的理想的途径,他坚定地选择了这门学科。但那时,鲍林的家境不佳,母亲生着病,家里所有的钱都花光了。鲍林只得通过各种办法谋生,甚至中途实在难以为继而辍了学。当他再回俄勒冈州立大学后,他一边读书,一边当定量分析教师的助手,最后两学期还教化学系一年级一个班的化学课。尽管条件这样困难,鲍林还是如饥似渴地阅读化学书籍和当时出版的化学杂志,深入钻研刘易斯和朗缪尔发表的关于分子的电子结构的论文。刘易斯和朗缪尔的论文,提出了化学键的电子理论,解释了共价键的饱和性,明确了共价键的特点,在化学发展史上具有重要作用,把化学结构理论推向了一个新阶段。少年时期,他还只是迷惑于神秘的现象,现在他已开始思考隐藏在化学反应背后的本质,思考物质结构的奥秘了。

另外,鲍林还留心原子物理学的发展,他试图了解物质的物理性质和化学性质与组成它们的原子和分子结构的关系。他从深入思考颜色、磁性等物质的性质中,逐渐感觉到有可能用化学键来解释物质的结构和性质。

1922年,鲍林从俄勒冈州立大学化学工程系毕业。

二、打下坚实的基础

加利福尼亚理工学院盖茨化学实验室主任诺伊斯教授特别重视人才的培养。诺伊斯教授是当时物理化学和分析化学的权威,曾培养出许多著名的化学家,有一种说法是"在美国没有哪个化学教师能像他那样鼓励学生去热爱化学"。我国著名化学家、已故清华大学原副校长张子高就是他培养出来的学生。才气横溢的鲍林于1922

年进入加利福尼亚理工学院做研究生时,诺伊斯教授立即就发现了这棵破土而出的壮苗。

诺伊斯教授告诉鲍林,不能满足于教科书上的简单知识,除了学习指定的物理化学课程,还应当大量阅读补充读物。诺伊斯将他与别人合著的未出版的《化学原理》一书的校样给鲍林,要求鲍林把第一章到第九章的全部习题都做一遍,鲍林利用假期按诺伊斯的要求做了,从中学到了许多物理化学的基本知识,打下了深厚的化学基础。

诺伊斯教授又把鲍林推荐给学识渊博的著名科学家迪金森。迪金森曾在卡文迪许实验室学习过放射化学技术,回美国后,在帕萨迪纳从事 X 射线测定晶体结构的研究,于 1920 年获加利福尼亚理工学院的第一个哲学博士学位。诺伊斯建议鲍林在迪金森指导下开展晶体结构测定这个研究课题。当时,X 射线衍射法已提供了大量关于结构、原子间距离及键角等资料,人们甚至已经开始提出原子为什么会以这样一些方式结合在一起的问题了。由于鲍林早年读过朗缪尔关于分子结构的论文,也读过布拉格论 X 射线与晶体结构的文章,正在思考这些问题,所以这个研究课题正合鲍林的心意。鲍林就在迪金森指导下利用 X 射线做晶体结构测定的研究,几经挫折和失败,他终于通过各个步骤胜利完成了辉钼矿 MoS_2 晶体的全测定工作。

第一次研究的成功给了鲍林巨大的信心和力量,也使鲍林受到了严格的技术训练和全面的基础培养。迪金森头脑清晰,思想深邃,治学态度严谨,非常厌恶粗心和浅薄,他对鲍林要求十分严格。他在培养鲍林的过程中教给他许多书本上学不到的知识，而且由于研究微观世界与宏观世界的方法不同，微观世界见不到、摸不着，需要借助理论思维，需要靠一系列的逻辑论证，这使鲍林了解到科学方法和逻辑思维的力量，认识到在经验事实基础上做出理论概括、揭示物质世界的内在本质的重要性。

后来，鲍林又得助于物理化学和数学物理学教授托尔曼的指导。托尔曼教授知识渊博，对物理学的新进展有透彻的了解，他相信可以应用物理方法来解决许多复杂的化学问题。他特别重视基本原理，并应用先进的热力学和统计力学来解决物理学和化学问题。他把数学物理学课程介绍给物理化学研究班，鲍林正在这个研究班学习。这使鲍林克服了物理学和数学知识的不足，从而为后来运用量子力学新成就来解决复杂的化学结构问题提供了重要条件。

在这期间，鲍林还做了一些化学问题的研究，他试图建立起一种化学理论，一种与经验事实相符并能用以解释经验事实的关于物质本性的理论。他在晶体结构研究中还创立了一种科学方法，按鲍林的解释，就是通过猜测而求得真理的方法。他指出，我们可以，而且应该运用逻辑推理方法从晶体的性质推断它的结构，依据晶体的结构又可预见晶体的性质。应该说，这是鲍林在自己的科学实践中总结出来的科学方法，具有重要的方法论意义。

鲍林崭露头角，赢得了老师们的赞誉。迪金森就认为，他自己在晶体结构研究方面也许不会有多大成就，但却肯定鲍林的工作是有价值的。

1925年，鲍林以出色的成绩获得加利福尼亚理工学院化学哲学博士学位。

三、赴欧洲深造，获名师指点

众所周知，20世纪第一个年头，普朗克提出了革命性的量子假说。没多久，爱因斯坦运用量子假说成功地解释了光电效应。玻尔在1913年把量子假说运用于解释原子结构，提出了著名的玻尔原子模型。在此期间，劳厄和布拉格父子的研究使X射线成为研究晶体结构的有力的实验工具，用X射线衍射法测定晶体结构的工作获得巨大成功。索末菲在X射线线谱的精细结构研究方面做出了许多重要贡献。到了20世纪20年代，德布罗意提出了物质波假说，指出微观粒子具有波粒二象性。海森伯和薛定谔分别利用不同的数学形式表达微观粒子的运动，从而创立了新的量子力学。上述这些重要科学成就，预示着为应用量子理论和量子力学攻破复杂的化学结构问题打开大门的条件日益成熟了。鲍林正是在这个不平常的科学大变革时期，带着解决物质结构和化学键的本质问题而赴欧洲向名家求教的。1925年他获得博士学位以后曾给玻尔写信，希望玻尔能同意他到哥本哈根跟随玻尔做研究工作，但玻尔没有给他答复。接着，鲍林给在慕尼黑的索末菲教授写信，索末菲很快复信同意鲍林来慕尼黑。鲍林于1926年2月去欧洲。他先在索末菲那里度过了紧张而愉快的一年，索末菲出色的讲演深深地吸引了鲍林，为鲍林的研究展示了更为宽广的道路。随后，鲍林又到玻尔实验室工作了几个月，接着又到瑞士苏黎世随薛定谔和德拜做研究工作。在苏黎世，鲍林听他们的讲演，并且开始研究用量子力学解决化学键问题的可能性。

1927年，鲍林从欧洲返回帕萨迪纳，担任加利福尼亚理工学院理论化学助理教授，除了讲授量子力学及其在化学中的应用，还教晶体结构、化学键的本质和物质电磁性质理论等课程。1930年春夏，鲍林再度赴欧，到布拉格实验室学习X射线技术，随后又到慕尼黑学习电子衍射技术。回国后不久，就被加利福尼亚理工学院任命为教授。

玻尔、薛定谔、布拉格、德拜和索末菲这些大科学家都是当时站在科学前沿的人，他们具有高深的科学素养，同时又能洞察科学发展的趋势和规律，了解并熟悉科学发展的生长点。名师出高徒，鲍林正是在这些名师指点下，摸清了当时科学发展的脉络，找到了化学面临的突破口。加之他受到了严格的科学训练，学到了这些大科学家开展研究工作的思想方法和工作方法，这使他后来有能力把量子力学运用到化学中去，解决分子结构和化学键本质中的重大难题。此外，他还掌握了X射线、电子衍射等先进技术，这使他在蛋白质结构研究中做出了卓越的贡献。

四、化学上的杰出贡献

19世纪关于物质的组成所提出的经典结构理论只是定性地解释了化学现象和经验事实。随着电子的发现、量子力学的创立以及X射线衍射等先进物理方法应用于化学研究，现代结构化学理论逐步建立了起来，并且得到了很快的发展。到了20世纪30年代初期，关于化学键的新理论被提出来了，其中之一就是价键理论。

价键理论是在处理氢分子成键的基础上建立起来的。这个理论认为，原子在未化合前有未成对的电子，这些未成对电子如果自旋是反向平行的，则可两两结合成电子对，这时原子轨道重叠交盖，就生成一个共价键；一个电子与另一个电子配对以后就不能再与第三个电子配对；原子轨道的重叠愈多，则形成的共价键就愈稳定。这种价键理论解决了基态分子的饱和性问题，但对有些实验事实却不能解释。例如，在 CH_4 中，C 原子基态的电子层结构有两个未成对的电子，按照价键理论只能生成两个共价键，但实验结果表明 CH_4 却是正四面体结构。

为了解释 CH_4 的正四面体结构，说明碳原子 4 个键的等价问题，鲍林提出了杂化轨道理论。杂化轨道理论是从电子具有波动性、波可以叠加的观点出发，认为碳原子和周围电子成键时，所用的轨道不是原来纯粹的 s 轨道或 p 轨道，而是 s 轨道和 p 轨道经过叠加混杂而得到的杂化轨道。根据鲍林的杂化轨道理论就可以很好地解释 CH_4 的正四面体结构的事实，同时还可以满意地解释其他事实，如配离子的结构。鲍林提出的杂化轨道理论对化学的发展起了很大的作用。

鲍林在 20 世纪 30 年代初期所提出的共振论在现代分子结构理论的发展中曾起到重要的作用，在化学界也有着重要的地位。价键理论对于可以用一个价键结构式来表示的分子是很合适的，但对用一个结构式不能表示其物理、化学性质的某些分子，价键理论就不适用了，如共轭分子，像苯分子。若用经典的凯库勒结构式表示就会出现困难，凯库勒结构式表示的苯分子中应有三个双键，表示苯分子应该可以发生典型的双键加成反应，但实际苯分子却易发生取代反应，这说明苯分子中并不存在典型的双键，它具有"额外"的稳定性。为了解决价键理论与上述实验事实不相符的问题，鲍林用了海森伯在研究氦原子（这是最简单的多电子原子）问题时对量子力学交换积分所作的共振解释，用了海特勒和伦敦在研究氢分子（这是最简单的多电子分子）问题时从单电子函数线性变分法所得到的近似解法，最终用电子在键联原子核间的交换（即"电子共振"）来阐明电子在化学键生成过程中的具体成键作用，利用键在若干价键结构之间的共振来解释共轭和新结构类型。

鲍林认为苯分子的真实基态不能用五个价键结构中的任何一个表示，但却可以用这些结构的组合来描述。这一理论解释了苯分子的稳定性，与实验事实相符得很好。

鲍林的共振论，在认识分子和晶体的结构、性质以及化学键的本质方面，曾起过相当重要的作用。由于它直观易懂，在化学教学中易被人们所接受，所以受到化学工作者的欢迎。在20世纪三四十年代它在化学中居于统治地位，至今仍在化学教材中采用。共振论把原有的价键理论向前推进了一步。

共振论出现在化学从经典结构理论向现代结构理论研究转变的时期，具有把二者融合在一起的特点，虽然它未能正确揭示出化学键的本质，但却是化学结构理论在一定历史发展阶段中出现的一种学术观点。

除了上述成就，鲍林还独创性地提出了一系列的原子参数和键参数概念，如共价半径、金属半径、电负性标度、离子性等。这些概念的应用不仅对化学，而且对固体物理等领域都有重要作用。他在科学研究中所运用的科学方法也具有同样的价值。此外，鲍林还在 1932 年就预言了稀有气体元素可以与其他元素化合而形成新化合物。这一预言在当时是非常大胆的。因为根据玻尔等人的原子模型，稀有气体元素的原子最外层电子恰好被 8 个电子所填满（氦原子最外层为 2 个电子），已形成了稳固的电子壳层，不能再与别的元素化合。然而，鲍林根据量子力学理论指出，相对原子质量较大的稀有气体元素可能会和那些特别容易接受电子的元素形成化合物。这一预言在 1962 年化学家巴特利特制成了第一个含有稀有气体元素的化合物六氟合铂酸氙而被证实。它推翻了长期以来在化学中流行的稀有气体元素不能形成化合物的形而上学观点，推动了稀有气体化学的发展。

　　鲍林并没有在这些杰出成就面前停步，而是运用自己有关物质结构的丰富知识进一步研究分子生物学，特别是蛋白质的分子结构。20 世纪 40 年代，他对参与免疫反应中的蛋白质感兴趣，从而发展了在抗体—抗原反应中分子互补的概念。1951 年起，他与美国化学家科里合作研究氨基酸和多肽链。他们发现，在多肽链分子内可能形成两种螺旋体，一种是 α- 螺旋体，一种是 γ- 螺旋体，纠正了前人按旋转轴次为简单整数而提出的螺旋体模型。鲍林进一步揭示出一个螺旋是依靠氢键连接而保持其形状的，也就是长长的肽链的缠绕是由于氨基酸长链中某些氢原子形成氢键的结果。作为蛋白质二级结构的一种重要形式的 α- 螺旋体已在晶体衍射图上得到了证实。这一发现为蛋白质空间构象打下了理论基础，成为蛋白质化学发展史上的一个重要里程碑。由于提出共振论以及把它应用于复杂物质结构的研究，鲍林荣获 1954 年诺贝尔化学奖。

五、在科学前沿的生涯

在 1954 年瑞典皇家科学院授予鲍林诺贝尔化学奖的典礼上，瑞典皇家科学院的代表亨格教授盛赞鲍林的成就时说道："鲍林教授……你已经选择了在科学前沿的生涯，我们化学家们强烈地意识到你的拓荒工作的影响和促进作用。"

的确，鲍林始终生活在科学的前沿。

1953 年 1 月，当鲍林提出蛋白质的 $\alpha-$ 螺旋结构后不久，英国生物学家克里克从与他同一办公室工作的鲍林的儿子彼得那里得知，鲍林在美国加利福尼亚理工学院也在建立脱氧核糖核酸（DNA）分子的模型，所得结果与他和沃森第一次建立起来的错误模型相似。他们在鲍林和他们自己的错误模型的基础上，加以改正，从而提出了一个新的 DNA 分子模型。这就是沃森 - 克里克 DNA 双螺旋结构模型，该模型之后被实验所证实，沃森和克里克因此荣获了 1962 年诺贝尔生理学或医学奖。

DNA 双螺旋结构的发现，大大推动了生物大分子中核酸和蛋白质结构与功能关系的研究，建立起了分子遗传学这一新兴学科，使生物学进入到分子生物学的新阶段。在这个重大的发现中，鲍林是有积极贡献的。因为沃森和克里克使用了鲍林在发现蛋白质 $\alpha-$ 螺旋结构时所使用的原理，鲍林的 DNA 分子结构模型对他们也有启示作用。在沃森和克里克建立了 DNA 双螺旋结构模型以后,鲍林和科里又指出,在胞嘧啶和鸟嘌呤之间是三个氢键,这一发现立即被沃森和克里克所接受。

1954 年,鲍林开始转向对大脑的结构与功能的研究,并且提出了一个一般麻醉的分子理论以及精神病的分子基础问题。对精神病分子基础的了解有助于对精神病的治疗。

鲍林第一次提出了分子病的概念。他在对疾病的分子基础研究中,了解到镰刀型细胞贫血症是一种分子病,是由突变基因决定的血红蛋白分子的变形。在血红蛋白分子中共有将近 600 个氨基酸,如果 β- 肽链第 6 位的谷氨酸被缬氨酸代替,便会导致血红蛋白分子变形,造成致命的镰刀型细胞贫血症。他发表了《镰刀型细胞贫血症——一种分子病》的研究报告,并进一步研究分子医学,发表了论文《矫形分子的精神病学》。他指出,分子医学的研究对于了解生命有机体的本质,特别是对记忆与意识的本质的理解极有意义。可以说,鲍林的这些重要工作,在科学上已经开辟了一个全新的领域——对分子水平疾病的研究。

六、坚强的和平战士

鲍林反对战争,特别是核战争,他主张用和平方式解决国际间的一切争端和冲突,并为让科学技术的成就造福于人类而进行了顽强的斗争。

1945 年,第一颗原子弹在日本广岛爆炸后,核武器不断地被制造出来。许多科学家预感人类智慧的结晶——科学技术发明有可能给人类带来毁灭性的结果。他们出于善良的愿望,把制止战争看作自己道义上的责任,希望以掀起和平主义运动为手段来实现这一目标。鲍林就是其中有代表性的一位。鲍林曾指出:"科学与和平是有联系的。世界已被科学家的发明大大地改变了,特别是在最近一个世纪。"同时鲍林又认为,"现代人类所有的愚蠢举动中,最大的蠢事就是年复一年地在战争和军事上浪费掉了世界财富的十分之一。成功地解决这一问题,人类会得到最大的利益"。他为此而致力于和平运动,从事战争与和平问题的研究。他还因此而遭受了许多的威胁和打击。

20世纪50年代初,美国的麦卡锡主义盛行,美国政府曾对鲍林进行审查,怀疑他是亲共分子,禁止他出国旅行、访问和讲学。1952年,原定在英国召开的一场有关DNA分子结构的讨论会邀请鲍林出席,英国科学家还安排他去访问威尔金斯实验室。此时,威尔金斯关于DNA的X射线衍射照片还没有公开发表,鲍林曾建议威尔金斯能公布出来,威尔金斯表示同意鲍林去他的实验室参观,并给鲍林看DNA的X射线衍射照片。设想如果鲍林能见到威尔金斯的照片,或许有可能赶在沃森和克里克之前建立起DNA的双螺旋结构模型。然而鲍林终于未能在这个划时代的发现中做出更为重要的贡献。那不是他的过错,因为美国政府在鲍林临将出国前一分钟宣布取消他的护照。鲍林由于从事和平运动,不仅人身自由受到限制,而且直接影响到他的学术研究活动。直到1954年鲍林获得诺贝尔化学奖之后,美国政府才不得不取消不准鲍林出国的禁令。

1955年,鲍林和世界闻名的科学家爱因斯坦、罗素、约里奥-

居里、玻恩等签署《罗素-爱因斯坦宣言》，宣言对核武器带来的危险深表忧虑，并呼吁各国领导人通过和平方式解决国际冲突。在这个宣言影响下，1957年成立了帕格沃什科学和世界事务会议组织，从事宣传反对战争、主张科学为和平服务的活动，鲍林积极参加了这项活动。

1957年5月15日，鲍林起草了《科学家反对核试验宣言》。这个宣言在短短几个月内，就有49个国家的11000多名科学家签名。1958年，鲍林把这份宣言提交给了当时的联合国秘书长哈马舍尔德，向联合国请愿。同年，他写了《不要再有战争》一书，书中简明地解答了核能和放射性的基础知识，并提出和回答了我们这个时代最迫切和危害最大的问题，计算了核武器对人类的严重威胁。

1959年，鲍林与罗素等人在美国创办《一人少数》月刊，宣传和平。同年8月，他参加了日本广岛举行的第五届禁止原子弹氢弹世界大会。

由于鲍林对和平事业作出的一系列成就，1962年，他获得了诺贝尔和平奖。次年，他以"科学与和平"为题在奥斯陆大学发表了领奖演说。他在演说中指出："在我们这个世界历史的新时代，世界问题不是用战争或暴力来解决，而是按照对一切国家都公平，对所有人民都有利的方式，根据世界法律来解决。"鲍林追述了科学家们为和平而斗争的历程后指出，"我们有权在这个非常时代活下去，这是世界史上独一无二的时代，这是过去几千年战争和痛苦的时代同和平、正义、道德和人类幸福的伟大未来交界的时代"。他坚信："由于更好地使用地球上的资源，科学家的发明，人类的努力,也将免除饥饿、疾病、失业和恐惧;并且,我们将能够逐步建立起一个对全人类在经济、政治和社会方面都公正合理的世界,建立起一种和人类智慧相称的文化。"

鲍林为和平事业所做的努力,在世界上有着广泛的影响。在他荣获诺贝尔和平奖后,70多位著名科学家和社会活动家于1964年在纽约为他举行庆祝会,表彰他为和平事业所做的贡献。

七、没有在荣誉面前止步

鲍林可以说是誉满世界了。他已发表过数百篇科学论文以及关于社会和政治特别是关于和平问题的文章,还出版了十几本科学专著。他培养了许多杰出的化学家。曾任中国科学院院长的卢嘉锡教授曾随鲍林工作过,我国还有几位著名化学家也曾是他的学生。中国科学界对鲍林教授是熟悉的,早在20世纪60年代,鲍林的代表性著作——《化学键的本质》一书就由卢嘉锡教授等翻译出版。

除了两次获得诺贝尔奖以外,他还多次获得化学奖。1975年,他获得福特总统授予的1974年度国家科学奖章;1978年,苏联科学院主席团授予他1977年罗蒙诺索夫金质奖章;1979年4月,他又接受了美国国家科学院的化学奖。

鲍林教授被国外许多研究机构和大学聘请为特约教授和研究员,有30所大学授予他荣誉博士学位。他曾任1949年美国化学会主席,1951年到1954年还曾任美国哲学会的副主席。他还是伦敦皇家学会的外国会员,法国科学院的外国院士,是挪威、苏联、印度、意大利、比利时、波兰、南斯拉夫、罗马尼亚等许多国家科学院的荣誉院士。

鲍林晚年的经济状况是优裕的。但荣誉和优裕的生活并没有使他放弃科学工作而去安享晚年，他仍坚持在以他的名字命名的科学和医学研究所从事分子医学方面的研究工作。

鲍林特别强调化学工作者应当讨论化学工作与人类进步的关系。他不仅关心化学对人类健康方面的贡献，而且非常重视化学发展的社会因素。他在美国化学会成立 100 周年纪念会上说："在未来 100 年内，化学对人类进步的贡献大小，不仅决定于化学家，而且还决定于其他人，特别是政治家。"他指出，在从现在到 21 世纪这段时间内，美国的奋斗目标应当是建设一个使每个人都能过幸福生活的国家。他认为，要实现这样的目标，光靠科学家是远远不够的。只有政府和人民、科学家和政治家的共同合作才能达到。

鲍林为科学与和平事业做出的贡献，值得钦佩，值得尊敬，同时他的思想和精神也发人深思，令人从中大受教益。他生活在一种复杂的社会环境中，他从不随波逐流，而是敢于提出自己独到的见解。英国出版的百科全书在介绍鲍林的工作和成就时写道："他作为一个科学家，成功之处在于对新问题具有敏锐的洞察力，在于他认识事物间相互关系的能力和敢于提出异端思想的胆识和勇气。尽管他提出的概念并非全是正确的，但却总能促进人们对问题的深入思考和进一步探讨。"这是对鲍林教授思想活动和思想方法的一个恰如其分的评价。

（作者：金吾伦　邢润川）

参考资料

贝采利乌斯 一代化学大师

[1] E. von Meyer. A History of Chemistry [M]. Trans. G. McGowan. 3rd ed. New York:The Macmillan Co.,1906, 212-297.

[2] F. Szabadváry. History of Analytical Chemistry [M]. Trans. G. Svehla. Oxford: Pergamon Press,1966,125-160.

[3] C. C. Gillispie. Dictionary of Scientific Biography:Vol. 2 [M]. New York: Charles Scribner's Sons,1970:90-97.

[4] Ю. И. Соловьев,В. И. Куринной. 贝齐里乌斯传 [M]. 丁由,译. 北京:商务印书馆,1964.

[5] J. R. Partington. A History of Chemistry:Vol. four [M]. London:Macmillan, 1964,142-176.

李比希 振兴德国化学工业的巨擘

[1] 柏廷顿. 化学简史 [M]. 胡作玄,译. 北京: 商务印书馆,1979.

[2] 董恺忱. 李比希的农学思想 [J]. 世界农业,1981(9):21-27.

[3] C. C. Gillispie. Dictionary of Scientific Biography:Vol. 8 [M]. New York: Charles Scribner's Sons,1973:329-350.

[4] J. Turkevich, L. B. Turkevich. Prominent Scientists of Continental Europe [M]. New York:American Elsevier Publishing Company,1968.

[5] 弗·卡约里. 物理学史 [M]. 戴念祖,译. 呼和浩特:内蒙古人民出版社,1981.

费歇尔 一代化学巨匠

[1] E. Farber. Great Chemists [M]. New York: Interscience Publishers, 1961, 981-995.

[2] C. C. Gillispie. Dictionary of Scientific Biography: Vol. 5 [M]. New York: Charles Scribner's Sons, 1972: 1-6.

[3] A. J. Ihde. The Development of Modern Chemistry [M]. New York: Dover Publications, 1964, 345-360.

[4] 袁翰青, 应礼文. 化学重要史实 [M]. 北京: 人民教育出版社, 1989: 303-306.

维尔纳 配位化学的"建筑师"

[1] C. C. Gillispie. Dictionary of Scientific Biography: Vol. 14 [M]. New York: Charles Scribner's Sons, 1977: 264-272.

[2] G. B. Kauffman. Inorganic Coordination Compounds [M]. New York: John Wiley & Sons, 1981: 10-137.

[3] J. C. Bailar, Jr.. The Chemistry of the Coordination Compounds [M]. New York: Reinhold Publishing Corporation, 1956: 834.

[4] A. J. Ihde. The Development of Modern Chemistry [M]. New York: Dover Publications, 1964: 379-389.

哈伯 一代物理化学巨匠

[1] C. C. Gillispie. Dictionary of Scientific Biography: Vol. 5 [M]. New York: Charles Scribner's Sons, 1972: 620-624.

[2] E. Farber. Great Chemists [M]. New York: Inter-science Publishers, 1961: 1301-1311.

朗缪尔　表面化学的开拓者

[1] 胡亚东. 世界著名科学家传记:化学家 I [M]. 北京:科学出版社,1990.

[2] 顾惕人. Irving Langmuir——当代最杰出的表面化学大师[J]. 大学化学,1989,4(6):52-54,59.

[3] A. Rosenfeld. The Quintessence of Irving Langmuir [M]. Oxford:Pergamon Press,1966.

[4] C. G. Suits. The Collected Works of Irving Langmuir:Vol. 4 Electrical Discharge [M]. Oxford:Pergamon Press,1961:435.

[5] 戢守志. 无名的伟大:介绍一位美国科学家[J]. 国外科技动态,1979,1(7):50-52.

[6]《诺贝尔奖讲演全集》编译委员会. 诺贝尔奖讲演全集:化学卷 I [M]. 福州:福建人民出版社,2004.

[7] 陈学民,周文森. 卓越的美国化学家和物理学家——欧文·朗缪尔[J]. 化学通报,1983,3:57-59,64.

施陶丁格　高分子化学的奠基人

[1] C. C. Gillispie. Dictionary of Scientific Biography:Vol. 13 [M]. New York:Charles Scribner's Sons,1976:1-4.

[2] 赵匡华. 化学通史[M]. 北京:高等教育出版社,1990:381-389.

鲍林　献身于科学与和平事业的杰出化学家

[1] L. 鲍林. 结构化学与分子生物学五十年的进展[J]. 金吾伦,邢润川,译. 科学史译丛,1981(1):37-52,67.

[2] L. Pauling. Fifty Years of Physical Chemistry in the California Institute of Technology[J]. Annual Review of Physical Chemistry,1965,16(1):1-15.

[3] 吕迺基. 创造生涯——著名化学家鲍林自述 [J]. 化学通报, 1981（7）: 55-60.
[4] L. 鲍林. 化学键的本质 [M]. 卢嘉锡, 黄耀曾, 曾广植, 等, 译校. 上海: 上海科学技术出版社, 1966.
[5] L. Pauling. No More War [M]. New York: Dodd, Mead & Company, 1958.

人名对照表

（按外文姓氏的首字母排序）

A

阿夫塞柳斯——J. Afzelius

阿尔特霍夫——F. Althoff

安培——A.-M. Ampere

阿拉戈——D. F. Arago

阿伦尼乌斯——S. Arrhenius

B

贝克兰——L. Baekeland

拜耳——A. von Baeyer

班贝格尔——E. Bamberger

巴特利特——N. Bartlett

恩斯特·奥托·贝克曼
　　——E. O. Beckmann

勒贝尔——Le Bel

贝吉乌斯——F. Bergius

贝格曼——T. O. Bergman

贝特洛——M. Berthelot

贝托莱——C.-L. Berthollet

布洛德——K. A. Blöde

布洛姆斯特兰德——C. W. Bloomstrand

玻尔——N. Bohr

玻恩——M. Born

博施——C. Bosch

布拉科诺——H. Braconnot

布拉格——W. L. Bragg

布里奇曼——P. W. Bridgman

布里尔——R. Brill

德布罗意——L.-V. de Broglie

本生——R. W. Bunsen

邦特——H. Bunte

C

卡文迪许——H. Cavendish

卡罗瑟斯——W. H. Carothers

沙尔多内——H. B. Chardonet

勒夏特列——Le Chatelier

谢弗勒尔——M. E. Chevreul

库利奇——W. D. Coolidge

科里——R. B. Corey

库珀——A. S. Couper

克里克——F. H. Crick

库尔提乌斯——T. Curtius

D

道尔顿——J. Dalton
戴维——H. Davy
德拜——P. Debye
杜瓦——J. Dewar
迪金森——R. Dickinson
杜隆——P. L. Dulong
杜马——J.-B.-A. Dumas

E

埃格尔兹——H. P. Eggertz
埃克贝里——A. G. Ekeberg
埃克马克——Ekmarck
恩格勒——C. Engler

F

福雷乌斯——R. Fåhraeus
法扬斯——K. Fajans
法拉第——M. Faraday
迪费——Du Fay
费林——H. Fehling
芬克——C. G. Fink
费歇尔——E. Fischer

弗卢里——F. Flury
弗雷泽纽斯——C. R. Fresenius
弗里奇——J. Fritschi

G

格雷姆——T. Graham
甘恩——J. G. Gahn
加特曼——L. Gattermann
盖-吕萨克——J. L. Gay-Lussac
盖斯——Г. И. Гесс
根特——F. A. Genth
热拉尔——C. Gerhardt
格拉赫——A. Gerlach
吉坦纳尔——C. Girtanner
格卢茨——L. Glutz
格梅林——L. Gmelin
古德伊尔——C. Goodyear

H

哈伯——F. Haber
哈恩——O. Hahn
汉奇——A. Hantzsch
哈里斯——C. D. Harries
哈纳克——A. von Harnack
阿维——R.-J. Haüy
斯文·赫丁——Sven Hedin

海德格尔——M. Heidegger
海森伯——W. Heisenberg
海特勒——W. Heitler
希辛格——W. Hisinger
范托夫——J. H. Van't Hoff
霍夫曼——A. Hofmann
胡贝尔——R. Huber
洪堡——A. von Humboldt
海厄特——J. W. Hyatt

克勒布斯——G. A. Klebs
克诺尔——L. Knorr
科尔劳施——F. W. G. Kohlrausch
库恩——T. Kuhn

L

朗缪尔——I. Langmuir
拉瓦锡——A. L. Lavoisier
劳厄——M. von Laue
洛朗——A. Laurent
勒布朗——N. Leblanc
刘易斯——G. N. Lewis
利伯曼——C. T. Liebermann
李比希——J. von Liebig
林耐——C. von Linné
伦敦——F. W. London
卢金——H. Luggin
隆格——G. Lunge

I
伊默瓦尔——C. Immerwahr

J
耶尼克——J. Jaenicke
约尔延森——S. M. Jörgensen

M
马格努斯——H. G. Magnus
罗伯特·迈尔——R. Mayer
梅迪库斯——L. Medicus
迈特纳——L. Meitner
维克托·迈尔——V. Meyer
苗拉提——A. Miolati

K
卡勒——P. Karrer
卡斯特纳——K. W. G. Kastner
考施——G. A. Kausche
凯库勒——F. A. Kekulé
基连尼——H. Kiliani
金——V. L. King
克拉普罗特——M. H. Klaproth

密切利希——E. Mitscherlich

米塔施——A. Mittasch

穆瓦桑——H. Moissan

莫桑德——C. G. Mosander

米尔德——G. J. Mulder

缪勒——A. Müller

马斯普拉特——J. Muspratt

N

能斯特——W. H. Nernst

尼科尔森——W. Nicholson

尼格里——P. Niggli

内尔廷——E. Noelting

诺伊斯——A. A. Noyes

O

奥斯特瓦尔德——W. Ostwald

P

鲍林—— L. Pauling

佩希曼——H. von Pechman

珀替——A. T. Petit

皮亚齐——G. Piazzi

普朗克——M. Plank

波拉尼——J. C. Polanyi

波普——W. J. Pope

普里斯特利——J. Priestley

普鲁斯特——J.-L. Proust

普梅雷尔——R. Pummerer

R

拉姆齐——W. Ramsay

赖希施泰因——T. Reichstein

里查兹——T. W. Richards

里希特——J. B. Richter

罗默——P. Romer

勒罗西尼奥尔——R. Le Rossignol

卢齐卡——L. Ruzicka

S

萨克——O. Sackur

施米特——R. Schmitt

薛定谔——E. Schrodinger

舍恩拜因——C. F. Schönbein

塞夫斯特穆——N. G. Sefström

西格纳——R. Signer

史密斯尔斯——Smithells

索布雷罗——A. Sobrero

索末菲——A. Sommerfeld

弗朗茨·施陶丁格——F. Staudinger

赫尔曼·施陶丁格——H. Staudinger

施泰因科普夫——W. Steinkopf
施特雷克尔——A. Strecker
施托克——A. Stock
斯韦德贝里——T. Svedberg

T
泰纳尔——L.-J. Thénard
蒂勒——J. Thiele
蒂尔登——W. A. Tilden
托伦斯——Tollens
托尔曼——R. C. Tolman

V
瓦伦丁——B. Valentine
沃克兰——L. N. Vauquelin
福伦德——D. Vorländer

W
瓦尔堡——O. Warburg
沃森——J. D. Watson
维尔纳——A. Werner
惠特尼——W. R. Whitney
威兰——H. Wieland
威廉森——A. W. Williamson
维尔施泰特——R. Willstätter
维勒——F. Wöhler
沃伊特——M. Woit
渥拉斯顿——W. H. Wollaston

Y
扬——S. Young